ÉVEILLEZ-VOUS, MES ENFANTS !

Entretiens avec
Sri Mata Amritanandamayi

Tome 9

Adaptation et Traduction Anglaise
Swami Amritaswaroupananda

Mata Amritanandamayi Center, San Ramon
Californie, États-Unis

ÉVEILLEZ-VOUS, MES ENFANTS ! – Tome 9

Publié par :
Mata Amritanandamayi Center
P.O. Box 613
San Ramon, CA 94583
États-Unis

————————— *Awaken Children, Volume 9 (French)* —————————

Première édition par le Centre MA : septembre 2016

En France :
Ferme du Plessis
28 190 Pontgouin
www.ammafrance.org

En Inde :
www.amritapuri.org
inform@amritapuri.org

Ce livre est humblement offert

**aux pieds de lotus de
Sri Mata Amritanandamayi**

la Lumière resplendissante
immanente au cœur de tous les êtres.

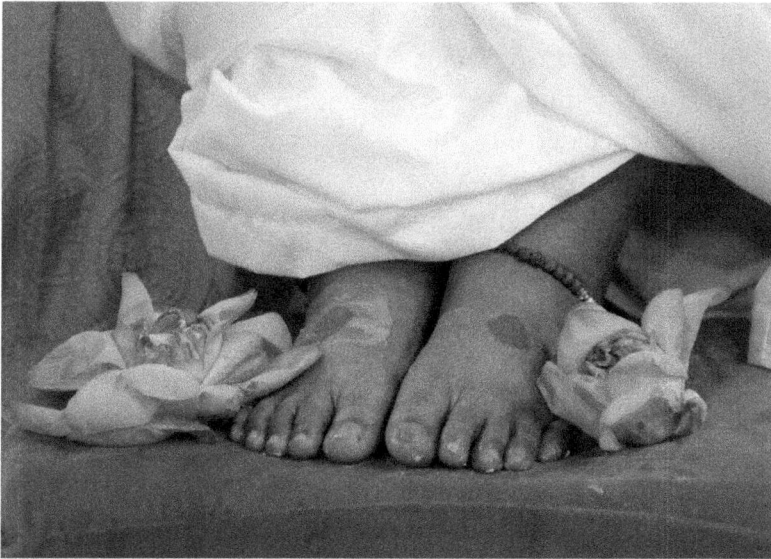

« Mes enfants chéris,
À chaque respiration, puissiez-vous penser à Dieu.
Que chacun de vos pas soit un pas vers Lui.
Que chaque action entreprise soit un acte d'adoration.
Que chaque mot prononcé soit un mantra.
Et chaque fois que vous vous allongez,
Que ce soit une prosternation aux pieds de Dieu. »

—Amma

Table des Matières

Introduction

Amma transmet sans relâche Son message d'amour, de compassion et de paix à l'humanité. L'année 1987 marqua un tournant dans Sa mission. Le moment était venu pour Elle de sortir d'Inde et de rassembler sous Son aile les enfants qui L'attendaient de par le monde. Quelques dévots américains d'Amma, à la tête desquels se trouvait le frère du *Brahmachari* Nealou, Earl Rosner, L'avaient invitée à venir aux États-Unis. Ils chérissaient ce désir depuis longtemps et quand Amma accepta enfin, ils exultèrent. On décida qu'Elle passerait quelques jours à Singapour, deux mois en Amérique et un mois en Europe.

Il peut paraître étonnant qu'Amma voyage, alors qu'Elle a le pouvoir de bénir qui Elle veut en tout endroit de la planète, sans Se déplacer. Elle le fait simplement pour le bien de l'humanité. Comme le printemps arrive, apportant au monde un regain de vie, la fraîcheur et la couleur, comme une pluie rafraîchissante vient après la sécheresse apporter la vie aux plantes et aux arbres qui dépérissaient, un maître authentique tel qu'Amma offre partout où Il passe l'amour, l'espoir et le renouveau à l'humanité entière.

Amma envoya en Amérique trois mois à l'avance deux de Ses enfants, Br. Nealou et Br. Amritatma Chaitanya[1], afin qu'ils préparent le terrain pour la tournée qu'Elle allait entreprendre. Une Américaine, Gretchen MacGregor, participa également à l'organisation du tour.

---

[1] Lorsqu'ils reçurent l'initiation à sannyas quelques années plus tard, Brahmachari Amritatma Chaitanya reçut le nom de Swami Amritaswarupananda et Brahmachari Nealou celui de Swami Paramatmananda. À la fin du nom de tous les brahmacharis et de toutes les brahmacharinis d'Amma qui ont reçu l'initiation à sannyas est ajouté le mot Puri. Il indique, parmi les dix branches de l'Ordre, à laquelle ils appartiennent. Les autres noms de disciples qui ont changé depuis 1987 sont indiqués entre parenthèses.

Arrivé aux États-Unis, le petit groupe parcourut tout le pays dans un vieux camping-car Volkswagen prêté par un dévot et visiblement à bout de course. Ils avaient à cœur de faire connaître Amma, mais il leur était cependant très difficile de rester éloignés d'Elle aussi longtemps. Br. Amritatma, en particulier, souffrit profondément de la séparation.

Jour après jour ils roulaient, faisant étape dans différentes villes pour donner des *satsangs* (discours spirituels) et organiser la tournée d'Amma. Pendant des semaines, le vieux camping-car fut leur demeure : ils y dormaient, faisaient la cuisine et pratiquaient leur *sadhana* quotidienne. Ce fut une expérience forte, qui leur enseigna qu'Amma était toujours avec eux ; cela leur apprit à vivre dans Son souvenir constant.

Par miracle, le véhicule roula sans incident tout au long du parcours, depuis la Californie jusqu'au Wisconsin. Mais le jour même de leur arrivée à Madison, qu'ils avaient choisi pour être leur dernière étape, le camping-car rendit l'âme, juste devant la maison où ils devaient loger ! Comment, sinon par la grâce d'Amma, Ses enfants auraient-ils pu arriver jusque là ?

Tout au long de leur voyage, ils furent constamment enveloppés par l'amour d'Amma et ressentirent Sa protection, parfois de la manière la plus remarquable. Ils se sentaient guidés à chaque pas ; de manière invisible, Elle prenait soin de tout. Ce qui était nécessaire pour le tour, que ce soit l'aide de bénévoles pour accomplir le travail, les moyens financiers ou les salles pour le *darshan*, finissait toujours par apparaître au dernier moment.

Il faut mentionner ici que les brahmacharis furent étonnés et profondément émus par l'immense enthousiasme et la gentillesse de quelques personnes, qui pour la plupart n'avaient jamais rencontré Amma mais qui brûlaient de La connaître. Parmi elles se trouvaient : Steve et Cathy Schmidt, Earl et Judy Rosner, David et Barbara Lawrence, Michael et Mary Price, Steve et Marilyn

Fleischer, Dennis et Bhakti Guest, Larry Richmond, Phyllis Castle, George Brunswig, Susan Cappadocia (Rajita) et Ron Gottsegen. C'est leur générosité qui rendit le tour possible.

Au cours du voyage, le petit groupe rencontra des centaines de personnes. Beaucoup d'entre elles étaient si émues en entendant parler d'Amma, en voyant Sa photo ou en entendant Sa voix sur des cassettes de *bhajans,* qu'elles savaient, avant même de L'avoir rencontrée, qu'Elle était leur Mère. Certains eurent même des visions et des rêves d'Amma avant d'avoir entendu parler d'Elle.

Amma avait commencé à rassembler Ses brebis d'Occident…

Le 15 mai 1987, Amma quitta Vallickavou. L'Ashram tout entier était plongé dans le désespoir. La scène évoquait le départ de Krishna de Vrindavan, il y a cinq mille ans. Les *brahmacharis* et les *brahmacharinis* étaient si profondément attachés à Amma que certains d'entre eux défaillirent en La voyant entrer dans l'aéroport, où ils étaient venus L'accompagner. Br. Pai (Swami Amritamayananda) qui devait rester en Inde pour prendre soin de l'Ashram en Son absence, fondit en larmes. Sa douleur était si forte qu'il s'évanouit.

Avant d'entrer dans le bâtiment réservé aux passagers, Amma joignit les mains, les porta à Son front et salua Ses enfants. Tandis que tous répondaient en s'inclinant, Amma dit : « Mes enfants, Amma a besoin de votre bénédiction et de vos prières pour le succès de cette tournée. C'est pour le bien de toutes les âmes qui souffrent loin d'ici qu'Amma voyage ainsi. Ceux qui vivent à l'étranger sont aussi Ses enfants. Amma entend leurs prières et leur appel. C'est pour adoucir leur souffrance, alléger leur chagrin et leur montrer la lumière éternelle qu'Amma part à l'étranger. Comment pourrait-Elle rester sourde à l'appel de Ses enfants, lorsqu'il vient du fond du cœur ? Amma vous reviendra bientôt. Mais en réalité, Elle ne va nulle part. Mes enfants, rappelez-vous qu'Amma est toujours avec vous. Aimez-vous les uns les autres, servez autrui de manière désintéressée et n'oubliez jamais de faire vos pratiques spirituelles. »

Amma ne demanda leurs prières et leur bénédiction que pour donner un exemple d'humilité. La *Bhagavad Gita* dit : « Les principes auxquels les *mahatmas* adhèrent seront suivis par le plus grand nombre. » Pourquoi, sinon, Amma exprimerait-Elle une telle requête, alors qu'Elle a le pouvoir de bénir la création entière ?

Quand Amma eut fini de parler, Elle resta un moment immobile. Avec une tendresse infinie, Elle promena Son regard, le posant brièvement sur chacun de Ses enfants. Puis Elle Se retourna et partit. Lorsqu'Elle disparut derrière les portes vitrées, tout le monde cria : « Amma ! Amma ! » Quelques uns des *brahmacharis* et des *brahmacharinis* se précipitèrent comme des fous vers les portes en L'appelant.

Lorsqu'on raconta cette scène au Br. Amritatma, il dit : « Cela prouve que Krishna et les *gopis* ont réellement existé. L'amour des *gopis* pour Krishna n'est pas un conte de fées mais une histoire vraie. Amma est Krishna, Elle qui a dérobé notre cœur et nous a rendus fous d'amour pour Elle. »

Le 18 mai 1987 Amma arriva aux États-Unis, où Elle fit étape dans les villes suivantes : la baie de San Francisco, Santa Rosa, Santa Cruz (18-26 mai), Carmel (27 mai), Seattle (28 mai-1er juin), Berkeley (2 juin), Garberville (3 juin), Mont Shasta (4-7 juin), Santa Fé et Taos (8-14 juin), Boulder (15-18 juin), Taos (19-21 juin), Chicago et Madison (22-29 juin), Charleston (1er juillet), Pittsburgh (2 juillet) Cambridge et Boston (4-9 juillet), New York City et Stamford (10-14 juillet).

Le 15 juillet, Amma atterrit à Paris, première étape du tour d'Europe. Amma se rendit dans les villes suivantes : Dourdan et Paris, en France (16-18 juillet), Zurich et Schweibenalp, en Suisse (19-31 juillet), Graz et St Polten, en Autriche (1er-12 août).

Dans ce livre, le volume neuf d'*Éveillez-vous, Mes enfants !,*
Amma continue à appeler Ses enfants. Et Elle continuera jusqu'à
ce que nous Lui répondions du cœur de notre être. La réponse
viendra, car les paroles d'Amma ne sont pas de simples paroles,
mais l'expression de l'amour suprême, l'appel de la vérité absolue. Cet appel finira tôt ou tard par atteindre et éveiller l'enfant
innocent qui sommeille en nous. Amma, le Maître suprême, nous
guidera ensuite lentement vers *moksha*, le but ultime de la vie, un
état libre de tout lien, de toute douleur et de toute souffrance, un
état de joie infinie, de béatitude et de plénitude.

Swami Amritasvarupananda
Amritapuri
avril 1998

Note de l'auteur

Le tour du monde entrepris par Amma en 1987 a duré trois mois ; j'ai donc omis dans ce livre de nombreux détails, choisissant de rapporter essentiellement les dialogues avec Amma et quelques événements qui me semblaient particulièrement susceptibles d'intéresser le lecteur. Une version plus complète du tour d'Amma, incluant les expériences des dévots et les miennes, sera publiée à une date ultérieure.

Arrivée d'Amma à l'aéroport de San Francisco, 1987

San Francisco

Amma arrive aux Etats-Unis

Amma était sur le point d'arriver. Un groupe d'environ cinquante personnes était venu l'attendre à l'aéroport international de San Francisco. La plupart ne l'avaient encore jamais rencontrée. Ils attendaient, impatients de l'apercevoir, quand les écrans affichèrent que l'avion en provenance de Singapour venait d'atterrir. Il était quinze heures quarante. Tous les regards étaient fixés sur les portes du hall d'arrivée et guettaient Amma parmi les passagers. L'attente prolongée ne fit qu'accroître l'agitation des dévots, si désireux de voir Amma. Chaque fois que les portes s'ouvraient, ils tendaient le cou pour essayer de l'entrevoir. Ils l'aperçurent enfin, à côté de Gayatri. « La voilà ! » s'écrièrent-ils tous à la fois. Br. Amritatma, lui aussi, aperçut Amma. Ses yeux se remplirent de larmes. Il s'efforça de se contrôler mais, plus il essayait, moins il y parvenait.

Enfin, au bout d'un long moment, Amma arriva dans le hall d'accueil, avec un sourire radieux, les mains jointes en signe de salut. Un dévot lui passa une guirlande autour du cou ; à son approche, tous se prosternèrent spontanément devant elle. En la voyant, beaucoup de gens fondaient en larmes et en même temps, un sourire joyeux éclairait leur visage. Ils pouvaient sentir l'infinie compassion d'Amma rien qu'en la regardant.

Lorsqu'Amma passa devant Amritatma, elle lui sourit. Le regard qu'elle lui lança était si plein d'amour et si intense que son âme en fut transpercée ; il débordait de joie et de paix.

Amritatma fut très heureux de revoir ses frères spirituels. Ils s'embrassèrent avec beaucoup d'affection et échangèrent quelques paroles d'amour et de sollicitude. Il salua aussi ses sœurs spirituelles, Gayatri, (Swamini Amritaprana) et Saumya (Swamini Krishnamritaprana) et leur demanda comment elles allaient. Outre Gayatri, Saumya et les *brahmacharis*, trois autres dévots voyageaient avec Amma : M. Gangadharan Vaidyar, un médecin ayurvédique, son épouse et M. Chandradas, lui aussi originaire du Kérala. Ils éprouvaient comme une grâce le fait de pouvoir accompagner Amma lors de son premier tour du monde.

Après de courtes retrouvailles et quelques brefs échanges avec chacun, Amritatma rejoignit Amma, que les dévots accompagnaient vers le véhicule qui l'attendait au-dehors. Mais avant d'arriver à la portière, Amma tourna soudain à droite et alla s'asseoir sur une chaise.

Darshan à l'aéroport

Une fois assise, Amma regarda tous ceux qui étaient venus l'accueillir et qui se pressaient maintenant autour d'elle. Elle leur sourit avec beaucoup d'affection, tendit les bras et dit en anglais : « *Come, my children* » (Venez, mes enfants)

Amritatma pensa : « Oh ! mon Dieu ! Va-t-elle donner le *darshan* à tout le monde ? »

Il se pencha et murmura à l'oreille d'Amma : « Amma, nous sommes encore à l'aéroport ! Ne sera-t-il pas temps de donner le *darshan* demain, dans la maison prévue pour cela ? »

Voyant son visage inquiet, Amma lui sourit d'un air rassurant et dit : « Non. Quel est le problème si le *darshan* a lieu ici et maintenant ? »

16

« Mais Amma, protesta-t-il, c'est un aéroport ! Les autorités nous regardent et vont se demander ce qui se passe d'étrange ici. » Mais un dévot était déjà agenouillé devant Amma, qui l'accueillait dans son étreinte chaude et maternelle. Amma avait commencé à donner le *darshan*. C'est simplement sa nature. Comment pourrait-elle agir autrement, elle qui est la Mère de tous ?

L'un après l'autre, tous allèrent vers Amma pour recevoir son étreinte, puis ils s'assirent par terre autour d'elle, contemplant ce miracle extraordinaire. Ils semblaient remplis de la paix et de l'amour qui émanaient d'elle avec tant de force.

Ce spectacle inhabituel en plein milieu de l'aéroport attira l'attention de quelques policiers et de certains voyageurs, qui restèrent un moment à le regarder.

Aujourd'hui, des scènes semblables se déroulent dans chaque aéroport lorsqu'Amma arrive dans une ville pour y donner le *darshan*. En 1987, lors du premier voyage en Amérique, il n'y avait pour accueillir Amma qu'un petit groupe. Mais maintenant, au moment de la rédaction de ce livre, dans tous les aéroports du monde, une foule importante vient accueillir Amma ou lui dire au revoir.

Les aéroports furent le théâtre de nombreuses anecdotes intéressantes. Quand Amma monte ou descend de l'avion, quand elle attend dans le hall d'embarquement, elle accueille ses enfants à bras ouverts et exprime son amour en les étreignant et en les embrassant.

Amma a déclaré au sujet de ses étreintes et de ses baisers : « Les embrassades et les baisers d'Amma ne doivent pas être considérés comme ordinaires. Lorsqu'Amma étreint ou embrasse quelqu'un, c'est un processus de purification et de guérison intérieure. Amma insuffle à ses enfants une partie de sa pure énergie vitale. Cela leur permet de faire l'expérience de l'amour vrai et inconditionnel. Quand Amma tient une personne dans ses bras, cela peut contribuer à éveiller en elle l'énergie spirituelle latente, ce qui la mènera finalement au but ultime de la réalisation du Soi. »

Bien des fois, Amma a attrapé au passage un pilote, une hôtesse de l'air, un steward ou un passager et a exprimé son amour universel en les prenant dans ses bras ou en les embrassant. Aussi surprenant que cela puisse paraître, personne n'a jamais protesté ni manifesté aucune réaction négative. Au contraire, tous sans exception se sont ouverts spontanément à l'amour d'Amma. D'ordinaire, Amma s'approche et les embrasse avant même qu'ils aient le temps de se rendre compte de quoi que ce soit. Le fait que des inconnus se montrent si réceptifs au *darshan* d'Amma quand ils le reçoivent de cette manière inattendue nous rappelle ses paroles : « Il est impossible de rejeter l'amour vrai. Vous ne pouvez que l'accueillir d'un cœur ouvert. Quand un enfant sourit, que ce soit l'enfant de votre ami ou celui de votre ennemi, vous ne pouvez vous empêcher de répondre à ce sourire, parce que l'amour de l'enfant est pur et innocent. L'amour pur est comme une belle fleur au parfum irrésistible. »

En juillet 1995, alors qu'Amma se rendait en Europe après sa tournée américaine, il se produisit un incident amusant. Avant le contrôle des passeports, Amma, comme à son habitude, s'assit pour recevoir les centaines de dévots venus lui dire au revoir. Elle était complètement entourée par ses enfants, tous assis par terre autour d'elle, voulant être aussi proches que possible. En voyant les gens se rassembler autour d'Amma, certains passagers quittèrent leur siège pour aller s'asseoir ailleurs. Un monsieur d'un certain âge, absorbé par la lecture de son journal, ne fut pas assez rapide. Avant qu'il ait eu le temps de comprendre ce qui se passait, Amma était assise à côté de lui et les dévots, comme un essaim, ne lui laissèrent pas un centimètre pour se lever et partir. Le pauvre homme semblait inquiet, embarrassé. Qu'allait-il faire ? Il n'eut pas d'autre choix que de rester et de s'absorber dans sa lecture. Il se cacha le visage dans le journal, se dissimulant le plus possible derrière les pages grandes ouvertes. Mais combien de temps pouvait-il rester ainsi ? Amma donnait le *darshan* à tous. Le cœur lourd et les yeux remplis de larmes à la perspective de la séparation imminente, les dévots chantèrent :

Take me away

Emmène-moi
Ne m'emporteras-Tu pas ?
Laisse-moi reposer un moment dans Tes bras
Emmène-moi
Ne m'emporteras-Tu pas ?
Laisse-moi baigner dans la douceur de Ton sourire.
Amma, emmène-moi
Emmène-moi.

La nervosité du pauvre homme ne faisait que croître. Malgré leurs larmes, les gens riaient aussi quand Amma plaisantait avec eux ou jouait avec un enfant. Le voisin d'Amma semblait emprisonné. En dépit de tous ses efforts, il ne put continuer à ignorer la grande fête d'amour célébrée à côté de lui. De temps à autre, sa curiosité était la plus forte et il jetait un coup d'œil discret de derrière son journal. L'attraction irrésistible d'Amma avait commencé à s'exercer sur lui.

Au début, il regardait Amma environ toutes les trente secondes. Peu à peu les intervalles se réduisirent à quelques secondes. Il finit par être si captivé par le spectacle qu'il posa son journal et contempla Amma. Peu de temps après, à la grande joie de tous, il demanda à Amma : « Est-ce que vous pouvez me prendre dans vos bras aussi ? Cela semble si merveilleux et apaisant ! » Avant qu'Amma ait eu le temps de répondre, il tomba sur son épaule et elle le serra tendrement contre elle. Ce qui déclencha un rire général et attira l'attention des autres passagers qui se retournèrent pour regarder le groupe.

Pendant quelques secondes, les enfants d'Amma parvinrent à oublier qu'elle partait et qu'il leur faudrait attendre une année entière avant son retour.

Une première soirée mémorable

De l'aéroport, un véhicule conduisit Amma chez les Rosner. Nealou, Amritatma et Gayatri voyageaient avec elle.

Amma leur fit un bref récit des événements qui s'étaient déroulés à l'ashram de Vallickavu après leur départ. Elle leur raconta à quel point les résidents de l'ashram et les dévots étaient tristes de la voir partir pour si longtemps.

Elle se tourna vers Amritatma et dit : « Es-tu devenu fou à force de penser à Amma ? Fils, Amma connaît si bien ton cœur ! Quand tu as quitté l'Inde, Amma a dit à Gayatri à quel point il serait difficile pour toi de supporter la séparation. »

Amritatma regarda le visage d'Amma qui exprimait une grande sollicitude et une profonde compassion. Il répondit : « Amma, cette folie n'est qu'intermittente. Je ne serai vraiment béni que si tu la rends totale. »

« Fils, c'est ce que tu as demandé lorsque tu as rencontré Amma. »

(Amma faisait allusion à leur première rencontre, en juillet 1979. Elle lui avait alors dit qu'elle n'était qu'une « fille folle », ce à quoi il avait répliqué : « Amma, moi aussi je veux un peu de cette folie. »)

Puis Amma se tourna vers Nealou et dit : « Comment vont les choses, vieux ? Comment va ta santé ? » (Amma appelle parfois les gens sérieux « vieux ».)

Nealou sourit et dit : « Tout va bien par la grâce d'Amma. » Il lui donna ensuite un bref compte-rendu de leur tournée dans les différentes villes et des programmes qu'ils avaient animés.

Il fallut une heure pour arriver chez Earl. Amma y fut chaleureusement accueillie. La maison était remplie de dévots, impatients de la voir. Lorsqu'elle sortit de la voiture pour se diriger vers l'entrée, ils psalmodiaient tous le *mantra* « *Om Amriteshvaryai namah.* » Earl et Judy accomplirent la *pada puja* aux pieds sacrés d'Amma, et leur fils de deux ans, Gabriel, réussit à lui passer une guirlande autour cou. Depuis qu'Earl avait décidé de lui confier cette tâche, l'enfant n'avait cessé d'en parler avec enthousiasme. Il déclarait à tous ceux qu'il rencontrait : « Tu sais quoi ? Je vais mettre la guirlande au cou d'Amma ! »

Une fois la cérémonie d'accueil terminée, Nealou insista pour qu'Amma se repose, après le vol long et fatigant qu'elle venait de faire depuis Singapour. Sans même lui répondre, Amma s'assit sur une chaise que l'on avait préparée pour elle avec amour en la recouvrant d'un beau tissu de soie.

Avant de partir pour l'aéroport, Nealou avait enlevé la chaise de la salle à manger, craignant qu'Amma, si elle la voyait, ne s'asseye aussitôt pour donner le *darshan*. Mais quelqu'un avait remis la chaise en place avant son arrivée. Nealou en fut très fâché car, à ses yeux, rien n'était plus important que la santé d'Amma et il souhaitait désespérément qu'elle se repose. Mais il était écrit qu'Amma ne le ferait pas, car sa compassion infinie ne cesse jamais de s'écouler vers ses enfants.

Amma appela chacun, un par un, pour le *darshan*. Elle prenait la tête de la personne qui venait s'agenouiller devant elle, la posait sur ses genoux, puis sur son épaule et la tenait contre elle. Lorsque la personne se relevait pour aller reprendre sa place, elle semblait tranquille et remplie de béatitude. Après avoir reçu le *darshan*, Steve Fleisher se releva en titubant comme s'il était ivre.

Il alla vers Amritatma et tenta d'exprimer ce qu'il ressentait, mais il fut incapable de rien dire, car comme on pouvait le lire sur son visage rayonnant, son cœur débordait. Amritatma lui suggéra de s'asseoir pour méditer un moment. Steve alla s'asseoir dans un coin de la salle, son visage arborant une expression sereine.

Pendant qu'Amma continuait à embrasser ses enfants, elle chanta deux chants :

Durge

Victoire à Mère Durga
Ô Mère
Océan de compassion
Mère Kali
Parée d'une guirlande de crânes humains[1]
Toi qui élèves le monde
Victoire à la Mère divine de l'Univers !

Radhe Govinda Bhajo

Ô Radha
Bien-aimée de Krishna,
Radha qui adore le Seigneur des vaches
Ô Radha, Beauté sans pareille,
Toi qui nous délivres de la douleur,
Bien-aimée de Krishna, le Seigneur des vaches,
Ô Radha
Bien-aimée de Krishna, le Seigneur des vaches.

Quand tout le monde fut passé au *darshan*, Amma demanda des fruits, qu'elle coupa en petits morceaux. De sa propre main, elle mit un morceau de ce *prasad* dans la bouche de chacun. Elle s'assit ensuite par terre pour jouer avec Gabriel. Au bout d'un moment,

---

[1]   Les crânes que Kali porte autour du cou symbolisent la mort de l'ego.

un dévot arriva et Amma l'appela pour le *darshan*. Pendant qu'il était dans ses bras, la tête sur son épaule, Gabriel, qui se trouvait juste derrière lui, se mit à le tirer par la chemise en disant : « Non ! C'est *ma* Mère ! » Amritatma traduisit cela à Amma, qui se tourna vers Gabriel et dit : « Est-ce qu'Amma n'appartient qu'à toi ? »

Sans hésiter, Gabriel hocha la tête et dit : « Oui ! » Son innocente remarque fit rire tout le monde.

Earl et Judy ont deux fils, Arlo et Gabriel. L'idée de rencontrer Amma avait soulevé leur enthousiasme, surtout celui de Gabriel, le plus petit. Il n'avait que deux ans, mais semblait posséder la maturité intérieure d'un homme de vingt-cinq ans. C'était un enfant très gentil et très intelligent.

La naissance de Gabriel est due à la grâce d'Amma. Après la venue au monde de leur premier fils, Earl et Judy désiraient un autre enfant. Mais Judy ne parvenait pas à concevoir. Earl écrivit à son frère Nealou pour lui faire part de leur désir. Nealou répondit : « J'ai dit à Amma que vous désiriez un autre enfant. Elle ne pense pas que ce soit écrit dans les astres, mais elle va néanmoins faire un *sankalpa* (prendre une résolution) pour que vous ayez un deuxième bébé. » Peu de temps après, Judy se trouva enceinte de Gabriel.

Amma alla ensuite à la cuisine. Elle appela tout le monde et servit elle-même le dîner. Il était maintenant vingt-trois heures trente. Ceux qui avaient voyagé avec elle étaient épuisés. Mais même après un vol de seize heures, Amma était encore fraîche et débordait d'énergie. Elle consacrait du temps à chacun, se donnait sans compter, offrait son être entier.

Nealou était très agité, tant il était inquiet pour elle. Il ne cessait de grommeler : « Il n'y a donc personne pour la convaincre d'aller se reposer ? » Mais ses paroles n'avaient aucun effet.

Un homme vint demander à Amritatma : « Amma est-elle toujours ainsi ou bien seulement en certaines occasions ? »

Amritatma répondit : « Frère, sa vie entière est ainsi ! Elle ne peut se comporter autrement. Nuit et jour, elle se veut disponible pour tous ceux qui viennent à elle. La vie d'Amma est une offrande au monde. Partout où elle va, on célèbre une fête – la fête de l'amour pur et innocent. »

L'homme se tourna vers Amma, qui était toujours en train de servir, et la regarda avec une expression de respect sacré et d'émerveillement.

Vers minuit et demie, Amma se retira enfin dans sa chambre.

Le premier darshan officiel en Amérique

Le lendemain matin, tout le monde se leva de bonne heure. Le début du *darshan* était prévu pour neuf heures trente. Pendant le premier tour du monde, la plupart des programmes du matin se déroulèrent chez des dévots. Ceux du soir eurent lieu le plus souvent dans des salles et dans des églises, à l'exception des *Devi Bhavas* qui furent tous organisés dans la salle de séjour de dévots.

Les *brahmacharis* et quelques autres se hâtaient de mettre la dernière main aux préparatifs du *darshan*. Les gens commencèrent à arriver dès huit heures trente, et à neuf heures, le salon des Rosner était déjà presque plein. Amma fit son entrée à neuf heures trente exactement. Tout le monde se leva en signe de respect. Amma se mit à genoux et se prosterna devant tous, en touchant le sol du front. Puis elle s'assit sur un petit tapis qui avait été spécialement préparé pour elle, ferma les yeux et se mit à méditer, plongeant profondément dans son monde de solitude transcendante.

Les autres suivirent son exemple et méditèrent eux aussi. La présence d'Amma permit à chacun de s'intérioriser sans difficulté. Peu après, elle se leva, s'assit sur la chaise préparée pour le *darshan* et commença à accueillir les gens.

Lors de ce premier tour, il n'y avait pas de queue pour le *darshan*. Amma appelait chaque personne une par une, lui consacrait beaucoup de temps et l'interrogeait sur sa vie. Amma a beau être omnisciente, elle posait néanmoins des questions pour aider les cœurs à s'ouvrir. L'attention personnelle qu'Amma leur accordait et sa façon unique de recevoir chaque personne individuellement, sans se soucier du temps qu'il lui fallait rester assise, constituait pour ces nouveaux dévots une expérience neuve, qui les remplissait d'une profonde béatitude spirituelle. Le pouvoir de guérison de sa présence était également remarquable.

À l'époque, lorsque quelqu'un posait une question, si celle-ci n'était pas trop personnelle, Amma demandait à Amritatma de traduire à voix haute pour tout le monde et donnait une réponse qui avait valeur pour tous.

Au cours de la journée, Amma chanta plusieurs *bhajans*. Il lui arrivait d'entrer en *samadhi* au milieu d'un chant. Quand cela arrivait, Amritatma continuait le chant et le terminait.

Les gens étaient si touchés par sa présence que certains chantaient et dansaient de joie. Pendant toute la durée du *darshan*, les gens entonnaient des chants spirituels en anglais, en malayalam et en sanscrit, mariant ainsi de manière intéressante l'Orient et l'Occident. Un homme du nom de David joua de la harpe et chanta des hymnes traditionnels anglais. Ces chants étaient des prières riches d'un sens profond.

> *Écoute, écoute, écoute*
> *Le chant de mon cœur*
> *Jamais je ne T'abandonnerai*
> *Jamais je ne T'oublierai.*

Beaucoup de gens pleuraient en s'approchant d'Amma ou lorsqu'elle les prenait dans ses bras. Amma rayonnait d'amour : l'expression de Son visage passait de la joie à la compassion et à une profonde sollicitude lorsqu'elle essuyait les larmes de ceux qui pleuraient, les consolait et leur donnait des conseils, soignant ainsi les profondes blessures qu'ils avaient reçues dans le passé.

Une femme de Taos chanta :

Quel merveilleux amour est-ce là
Pour mon âme, pour mon âme ?
Quel merveilleux amour est-ce là
Pour mon âme ?
Quel merveilleux amour est-ce là
Pour que la Mère de Béatitude
Prenne naissance sur cette terre
Pour mon âme, pour mon âme
Prenne naissance sur cette terre pour mon âme ?

Je me prosternerai à Tes pieds
À Tes pieds je me prosternerai
Je me prosternerai à Tes pieds, à Tes pieds
Je me prosternerai à Tes pieds
Toi qui as comblé mon amour,
Tu as comblé ma vie de Ton amour
De Ton amour
Tu as comblé ma vie de Ton amour
Je chanterai pour Ta forme bien-aimée
Je chanterai
Je chanterai pour Ta forme bien-aimée
Pour Ta forme bien-aimée, Amritanandamayi
Je chanterai pour Mata Amritanandamayi
Je chanterai
Pour Mata Amritanandamayi je chanterai

Et quand je serai libérée de la mort,
Je chanterai encore, je chanterai encore
Et quand je serai libérée de la mort, je chanterai encore

Je chanterai et je serai joyeuse
Pour l'éternité je chanterai
Je chanterai
Pour Mata Amritanandamayi je chanterai

Quelqu'un demanda : « Amma, comment te sens-tu, ici, en Occident, en comparaison avec l'Inde ? Il y a une grande différence, n'est-ce pas ? »

Amma sourit et répondit : « La barrière créée par le corps et le mental engendre la diversité. Quand vous transcendez cette barrière, toutes les différences disparaissent. Amma n'a pas la sensation d'une différence. Tous les êtres sont ses enfants, et les trois mondes sont sa demeure. Telle est l'expérience d'Amma. Que ce soit ici ou en Inde, Amma seule est ; elle voit en chacun son propre Soi. Lorsque vous êtes uni à la Conscience suprême, comment pourriez-vous encore percevoir des différences ? Pour Amma, ici ou là n'existe pas. Où qu'elle aille, Amma est à la fois ici et là. Il n'est pas question d'Orient ou d'Occident. Une fleur a plusieurs pétales, mais il n'y a qu'une fleur. Le corps humain est composé de différentes parties, mais elles forment un seul corps. De la même manière, le monde est composé de nombreux pays, cultures, langues, races et gens différents ; mais pour Amma il n'y a que le Tout, que l'Un.

Tant que vous êtes identifié au corps, votre expérience est celle de la division. La conscience du corps implique la perception du temps et de l'espace ; et dans le temps et l'espace, des différences telles que celles de la religion, de la caste, de la race et de la nationalité surgissent. Cette division fait que tout vous apparaît différent et séparé de vous.

Les gens ont oublié la Conscience unique qui relie l'ensemble de la création. Ils se sentent donc étrangers. Une conscience ordinaire ne perçoit partout que des différences. Mais pour l'âme qui a réalisé le Soi et a transcendé le corps, ces différences n'existent pas.

Pour une telle âme, tout est une parcelle de l'unique Conscience universelle. Elle perçoit clairement que tout est lié, qu'il n'existe pas d'entités séparées, mais que chaque objet constitue une partie du Tout. Dans cet état, c'est votre être même que vous percevez partout et en tout, ici et là, dessus et dessous, dans toutes les directions, dans la laideur comme dans la beauté. Cette âme peut aller n'importe où, elle y retrouve toujours son propre Soi. Le Soi est constamment présent, jamais absent, toujours conscient, jamais inconscient ; il agit naturellement, des profondeurs de notre être intérieur. Il n'est étranger à personne, car il est la Conscience omniprésente. Dans cet état, il n'y a pas une seconde où vous ne soyez pas parfaitement conscient. »

Amritatma, qui se trouvait près d'Amma et traduisait ses paroles, se rappela un jour de 1982, au moment où il préparait sa licence de philosophie. Il était assis dans une pièce avec son professeur, qui avait accepté de venir lui donner des cours à l'ashram. Ils discutaient à propos d'un aphorisme extrait des *Yoga sutra* de Patanjali. Le professeur n'avait pas foi en Amma. Il dit à Amritatma : « Écoute ! Je ne crois pas un instant que ta Mère ait atteint cet état. Bien sûr, je crois qu'il existe un état d'omniscience auquel on peut parvenir en se livrant à des austérités (*tapas*). Mais je ne suis pas le moins du monde convaincu que ta Mère soit omnisciente. »

La remarque du professeur blessa Amritatma. En même temps, il la prit comme un défi à sa propre foi. Il se surprit à dire de manière impulsive au professeur : « Très bien, si c'est ce que vous pensez d'Amma, je vais vous prouver qu'elle est omnisciente. Je vais vous montrer comment elle répond à mes prières. Laissez-moi quelques minutes et voyez ce qui se passera ensuite ! »

Amritatma se tourna vers le modeste autel qui se trouvait là. Il ferma les yeux et pria avec une grande ferveur devant la petite photo d'Amma : « Amma, mon Dieu et mon *guru*, je t'en prie, ne pense pas que je sois orgueilleux ou que je veuille me faire valoir. Je n'ai personnellement aucun doute au sujet de ta divinité, mais permets au professeur de comprendre que tu es omnisciente ; ce serait une bénédiction pour lui. Cependant Amma, tu sais ce qui convient le mieux. Que ta volonté soit faite. »

Amritatma se prosterna ensuite en s'allongeant devant la photo. Tandis qu'il offrait sa prière aux pieds d'Amma, l'émotion le saisit au point qu'il se retrouva en larmes. Soudain, il entendit quelqu'un dire : « Amma t'appelle ! » Amritatma se mit à genoux et regarda vers la porte. Un *brahmachari* se tenait sur le seuil en répétant : « Amma t'appelle ! »

La joie d'Amritatma ne connut plus de bornes. Rempli de gratitude, il se prosterna de nouveau devant la photo d'Amma et dit tranquillement : « Amma, as-tu répondu si vite à la prière de ton enfant ? » Les larmes aux yeux, il regarda le professeur et lui demanda : « Eh bien monsieur, qu'en pensez-vous maintenant ? » Le professeur ne répondit rien, Amritatma s'excusa et sortit rapidement.

La hutte de *darshan* se trouvait à moins de cinquante mètres. En arrivant, il regarda par la porte et vit que la hutte était remplie de gens venus pour le *darshan*. Amma jeta un regard vers la porte et sourit en voyant Amritatma. « Mon enfant, as-tu appelé Amma ? », lui demanda-t-elle. En entendant les douces paroles d'Amma, si apaisantes, une joie inexprimable jaillit dans le cœur d'Amritatma. Il resta sur le seuil, et versa des larmes de béatitude. Amma le regarda intensément et dit de nouveau : « Mon fils, as-tu appelé Amma ? »

Amritatma était si ému qu'il ne put répondre. Bien sûr, Amma savait ce qui s'était passé, il était inutile de rien lui dire. Il s'assit et se mit à sangloter comme un enfant, se couvrant le visage de ses mains. Quand Amritatma retourna peu après dans sa chambre, il raconta au professeur ce qui s'était passé. D'une voix qui exprimait un profond remords, celui-ci dit : « Qui suis-je donc pour juger Amma ? Mais laisse-moi avouer que je suis maintenant d'accord avec toi pour reconnaître son omniscience. »

Après cet incident, le professeur devint un dévot.

Cette anecdote illustre le fait qu'Amma est présente partout et toujours, car elle ne fait qu'un avec la Conscience suprême. Il n'y a pas un moment où elle ne soit pas omniprésente. Il n'existe aucun lieu d'où elle soit absente.

Amritatma se rappela aussi une des expériences que la *brahmacharini* Lakshmi lui avait racontées. Cela se produisit avant qu'elle fût appelée à servir Amma personnellement. Elle travaillait un jour quelque part sur le terrain de l'ashram. Il faisait très chaud et elle désirait intensément de l'eau fraîche. Mais comme le seul réfrigérateur se trouvait dans la chambre d'Amma, elle savait qu'elle n'avait aucune chance de s'en procurer. Peu après, une jeune fille arriva et lui tendit un verre d'eau glacée en disant : « Amma m'a donné cela en me disant de te l'apporter. » Surprise, Lakshmi demanda à la jeune fille de lui raconter ce qui s'était passé. Elle lui dit que comme d'habitude, quelqu'un avait proposé à boire à Amma pendant le *darshan*. Mais au lieu d'accepter, Amma avait aussitôt déclaré : « Donne cela à Lakshmi. Elle a très soif et a envie d'eau fraîche. » La jeune fille avait donc apporté le verre à Lakshmi.

Il existe d'innombrables exemples tout aussi frappants de l'omniscience d'Amma. Ils nous aident à comprendre clairement qu'elle n'est pas limitée au corps et au mental, et que son cœur débordant de compassion, ses mains tendues, sont toujours prêts à aider ses enfants, où qu'ils se trouvent.

Un moment de béatitude

Un couple, John et Linda, était assis auprès d'Amma. Ils dirent à Amritatma : « La manière dont Amma reçoit les gens est incomparable. C'est inouï ! Son contact et l'amour maternel qu'elle nous donne sous sa forme la plus pure, c'est exactement ce dont nous avons besoin. L'Occident n'a jamais rien connu de pareil. »

« L'Orient non plus », répondit Amritatma.

John reprit : « Regardez ces gens ! Ils sont dans un autre monde. C'est une guérison divine. La première fois que nous avons vu Amma, son contact, sa façon de nous regarder, tout cela a eu un effet formidable sur chacun de nous. Amma a enlevé tant de souffrance ! »

Les larmes lui vinrent aux yeux. Sa femme, Linda, qui avait de graves problèmes respiratoires et était trop malade pour voyager ou même rester assise, venait néanmoins aux programmes matin et soir, rien que pour retrouver la paix extraordinaire qu'elle éprouvait en présence d'Amma.

Pendant qu'ils parlaient, un Noir d'âge moyen, qui était venu avec sa jeune femme et son fils de trois ans, se leva tout à coup et se mit spontanément à chanter et à danser : « Nous avons vu le Christ ! Amma, sa compassion et son amour divins nous ont permis de voir le Christ, le Seigneur ! Amma et son sacrifice d'elle-même nous ont fait voir Jésus-Christ le Sauveur ! »

Il semblait perdu dans une extase divine et sa joie était si contagieuse que les autres dévots se joignirent à lui en frappant dans leurs mains et en reprenant le chant en chœur. Le petit garçon dansait joyeusement à côté de son père. En quelques minutes, les dévots étaient tous debout en train de danser dans le salon des Rosner, en reprenant les paroles du chant. Le refrain, « En Amma nous avons vu le Christ notre Seigneur ! » résonnait dans toute la pièce. La danse et le chant durèrent un moment, puis, finalement, les gens s'assirent par terre un par un et l'atmosphère devint calme et sereine. Une fois assis, ils se mirent spontanément à méditer.

La même présence divine d'Amma, qui les avait fait danser de joie un moment auparavant, les incitait maintenant à plonger dans une profonde méditation. Sur le visage de nombreux participants coulaient des larmes de béatitude.

Pendant le premier et le second tour du monde, les gens pouvaient profiter longtemps de la présence physique d'Amma. Il arrivait que quelqu'un passât jusqu'à dix minutes dans ses bras, surtout lorsqu'elle se mettait spontanément à chanter pendant le *darshan*. Elle entrait alors dans un état d'extase et la personne dont c'était le tour pouvait rester dans ses bras jusqu'à la fin du chant. Lorsqu'Amma chantait ainsi, elle se balançait d'un côté, et de l'autre, comme si son giron était un berceau et le chant une berceuse sacrée pour l'enfant qui reposait sur ses genoux. Cela ne se produisit que pendant le premier et le second tour du monde. Le nombre de personnes venant au programme devint ensuite trop important et Amma cessa de chanter de cette manière pendant le *darshan*.

Le temps qu'Amma consacrait à chacun était si long que le *darshan* durait souvent de neuf heures trente du matin jusque tard dans l'après-midi. Pendant six ou sept heures, elle ne bougeait donc pas de sa chaise.

Le programme du soir commençait à dix-neuf heures, peu de temps après la fin du *darshan* de la matinée, et il se terminait au petit matin. Amma avait donc peu de temps pour se reposer. Elle se contentait d'ignorer son corps et ses besoins, dans le but d'aider les autres. Un dévot dit : « Amma me rappelle Jésus crucifié qui a sacrifié sa vie pour le monde entier. »

Jnana yoga et karma yoga

Pendant un *darshan*, un dévot posa la question suivante : « Amma, pourquoi les *jnanis* (ceux qui suivent la voie de la connaissance ou *jnana yoga*) glorifient-ils d'ordinaire la voie de la connaissance, alors qu'ils condamnent le *karma yoga* (la voie de l'action) ? Même dans la *Bhagavad Gita*, Sri Krishna critique la partie des

Védas qui est consacrée au *karma yoga*. Il affirme que *jnana*, la connaissance, est ce qu'il y a de plus élevé. Le Seigneur déclare :

> « *Différents sacrifices sont ainsi prescrits par les Védas.*
> *Sache que tous sont nés de l'action : sachant cela, tu*
> *seras libre ; rien ne purifie tant que la connaissance.* »

Shrimad Bhagavad Gita, chapitre 4, versets 32 et 38

Amma, cela veut-il dire que même Sri Krishna, qui était un *jnani* parfait, recommandait la voie de la connaissance plutôt que celle de l'action ? »

Amma : « Fils, Amma ne croit pas que les *jnanis* aient jamais proclamé aucune des différences que tu évoques entre la voie de la connaissance et celle de l'action. Pourquoi Sri Krishna condamnerait-Il la voie de l'action, Lui qui a donné l'exemple parfait de la manière de vivre et d'agir dans le monde, bien qu'Il fût, en réalité, un *jnani* parfait et qu'Il vécût dans la plénitude (*purnam*) ? Les paroles des *jnanis* ne sont pas sujettes à caution, c'est l'interprétation que les gens en donnent qui est erronée.

Nous pouvons diviser notre vie en deux aspects : d'une part, nous agissons, d'autre part, nous récoltons le fruit de nos actes. Dans l'état de veille, le corps et le mental sont actifs. Dans le rêve, le corps est inactif, mais le mental est actif et c'est pourquoi nous rêvons. Les impressions qui ont été créées dans le subconscient, la partie de nous-mêmes qui n'est pas comblée, sont projetées sous forme de rêves. En outre, même si nous n'agissons pas au niveau extérieur, le sang continue à circuler et le cœur à battre ; ce sont aussi des actions. En d'autres termes tant que nous avons un corps, un mental et un intellect, il nous est impossible de renoncer à toute forme d'action.

Comme nous sommes attachés aux fruits de nos actes, toute action tend à nous lier ; mais elle peut aussi servir de marchepied pour nous libérer de l'action. »

Les rituels védiques

« Les Védas prescrivent de nombreux rituels. Les gens ont tendance à trop s'attacher à ces rituels, au lieu de comprendre leur sens profond et de les transcender. Les rituels védiques et les *mantras* qui en font partie purifient l'atmosphère et sont favorables à l'humanité. Ils ont certes de grands effets bénéfiques, mais ceux-ci ne peuvent en rien être comparés aux bienfaits incommensurables que l'humanité reçoit d'une personne qui atteint la réalisation. Quelle que soit l'importance et la valeur des rituels, celui qui les pratique doit s'efforcer d'aller au-delà et de trouver en lui-même la Vérité ultime. C'est le but même de la religion : réaliser qu'il n'y a pas de dieu ou de déesse existant en-dehors de notre propre Soi intérieur. Cette expérience suprême d'unité avec la Vérité est le fondement de tous les enseignements religieux. À quoi sert-il donc de pratiquer la spiritualité ou les rituels védiques si cela ne nous mène pas à cette expérience d'Unité ? La simple présence d'une âme réalisée, son souffle, son contact, son regard et sa parole ont le pouvoir de purifier et d'élever ceux qui entrent en relation avec elle. Même la brise qui caresse son corps, même sa salive possèdent cette vertu.

Il n'est donc pas recommandé d'accorder une importance exagérée aux rituels et de trop s'attacher à eux, en oubliant leur but véritable, qui est de conduire le chercheur à l'expérience intérieure de la Vérité. C'est sans doute ce que Sri Krishna voulait dire. Amma ne prétend pas connaître la *Bhagavad Gita*, mais elle croit que c'est pour cette raison que le Seigneur a critiqué la partie des Védas consacrée aux *karma kanda*. En ce temps-là, les gens étaient probablement trop attachés à l'aspect ritualiste des Védas, tandis qu'ils négligeaient ce qui était consacré à *jnana*.

Si Krishna naissait à notre époque, Il critiquerait à coup sûr les soi-disant *jnanis* qui se contentent de parler du Védanta sans en avoir la moindre expérience et sans le pratiquer en aucune manière. Mais Il célébrerait la grandeur des rituels védiques. Savez-vous pourquoi ? Parce que nous avons oublié ces rituels dont le monde pourrait retirer tant de bienfaits. Non seulement les rituels védiques, mais toute action (*karma*), quelle qu'elle soit, est destinée à nous permettre de purifier notre mental. Mais cela n'est possible que si nous cultivons l'attitude juste. Une fois que le mental et les sens ont été purifiés, nous renonçons à toute action et nous nous tournons vers l'intérieur en quête de la Vérité. Lorsque nous accédons à cette pureté, la soif de connaître la vérité se fait ardente et nous regardons spontanément à l'intérieur. Cette aspiration nous permet finalement d'obtenir l'expérience de la Vérité. Dans l'état d'unité, il n'y a pas de Védas, pas de dieux ni de déesses autres que le Soi. Tout est perçu comme le même Soi unique.

Les Écritures affirment que pour celui qui est parvenu à la connaissance suprême, à l'état de *jivan mukti*, à la connaissance que tout est *l'atman*, les Védas cessent d'être les Védas et les dieux cessent d'être des dieux.

L'expérience de l'unité avec la Vérité intérieure est le but de toutes les religions. Pourquoi celles-ci existeraient-elles si on ne pouvait obtenir cette connaissance ? Tout le monde, quelle que soit sa nationalité, qu'il soit riche ou pauvre, illettré ou savant, a le sentiment que Dieu est différent de lui-même, une entité séparée. À quoi servent la religion ou les principes spirituels si les soi-disant enseignants et religieux restent ignorants de la vérité intérieure ? Tant qu'ils sont plongés dans l'ignorance, il n'est pas incorrect de les critiquer. C'est ce que Krishna a sans doute voulu dire dans la *Gita*, car Il est venu au monde dans le but d'éveiller les gens à la connaissance véritable. La situation est aujourd'hui différente. Les gens se vantent d'être des *jnanis* sans posséder la connaissance, c'est-à-dire sans l'expérience directe de *jnana*. Ils croient qu'un *jnani* est quelqu'un dont la tête est remplie d'une foule de concepts intellectuels. Ils ne se rendent pas compte qu'ils portent là un lourd fardeau, et que cette attitude ne les mène nulle part.

Karma et *jnana* sont liés. Vous ne pouvez prétendre être un *jnani* sans acquérir auparavant la pureté mentale nécessaire en accomplissant certaines actions mentionnées dans les Écritures (les Védas). Il n'est pas possible d'accéder d'un bond à l'état de *jnana*. Une évolution lente et régulière est nécessaire, comme pour la croissance d'un enfant. Vous ne pouvez exiger d'un enfant qu'il devienne adulte en un jour ou deux. L'enfant doit passer par plusieurs étapes et cela ne se produit pas en un instant.

L'impatience détruit

De même, la croissance spirituelle est le produit d'une évolution, non d'une révolution. Dans leur impatience, les gens ont tendance à être révolutionnaires mais une révolution s'avère toujours destructrice. Malheureusement, à notre époque moderne, les gens réclament des progrès spirituels aussi rapides que possible. Ils ne demandent rien moins que la réalisation instantanée. Pouvez-vous imaginer une mère disant à son bébé : « Je veux que tu deviennes adulte à l'instant ! Pourquoi restes-tu aussi longtemps un enfant ? Dépêche-toi, je n'ai pas le temps d'attendre ! » Que diriez-vous d'une telle mère, sinon qu'elle est soit totalement stupide, soit mentalement dérangée ? Les gens veulent un miracle. Ils n'ont pas la patience d'attendre, ni de fournir le moindre effort. Ils ne comprennent pas que le vrai miracle consiste à ouvrir son cœur à la Vérité suprême et unique. Mais cet épanouissement intérieur est un processus lent et régulier. La nature procède toujours par évolution. Même lorsqu'il s'agit de l'éclosion d'une fleur, Dieu y apporte le plus grand soin et Il est d'une patience extrême. Et l'éclosion de la fleur est un miracle. Il faut neuf mois avant qu'un enfant soit prêt à naître, et cette naissance est un miracle. Dieu n'est jamais pressé. Il procède par évolution. C'est seulement ainsi qu'une croissance réelle peut se produire.

Amma ne dit pas qu'il est impossible que la réalisation suprême se produise en une seconde. Elle pourrait arriver à tout moment, par la grâce du maître. Mais êtes-vous prêt ? Il y a des gens pour dire : « Pourquoi devrais-je me préparer, puisque je suis déjà Cela ? » Oui, vous êtes Cela ; mais qu'en est-il du fardeau de négativité que vous continuez à porter ? Qu'en est-il de votre ego ? Tant que subsiste la moindre trace d'attachement, vous devez travailler à vous en libérer. Le sentiment que vous êtes le corps et le mental est une forme d'attachement, de même que la colère, la haine, le désir et la jalousie. Lorsque vous êtes sous l'emprise de tels sentiments, il vous est impossible de connaître la Vérité qui est en vous, qui est votre véritable nature. C'est pourquoi le processus de la *sadhana* (des pratiques spirituelles) est nécessaire.

Les gens ont d'innombrables désirs et exigences qu'ils veulent satisfaire aussi vite que possible. Ils veulent des résultats mais ils n'ont pas la patience de travailler à les obtenir. Pour devenir un grand artiste, un grand savant, ou pour faire fortune, les gens trouvent normal qu'il faille étudier pendant des années. Mais lorsqu'il s'agit de réaliser Dieu, ils veulent un succès immédiat. L'impatience n'a toutefois que des effets négatifs.

Tout le monde connaît l'histoire des Pandavas et des Kauravas. Les Pandavas naquirent grâce au pouvoir des *mantras* (formules sacrées). Yudhisthira, l'aîné des cinq frères Pandavas, vint au monde après que sa mère Kunti eût invoqué une divinité. La reine Gandhari, qui était enceinte à ce moment-là, fut alors saisie d'une grande impatience. Elle se frappa le ventre avec tant de violence qu'elle fit une fausse couche et donna naissance à un amas de chair. À cet instant, un grand sage la prit en pitié et lui vint en aide. Il divisa le morceau de chair en cent et déposa chaque parcelle dans un pot scellé. Il insuffla son énergie vitale dans chacun des cent pots et enjoignit à Gandhari de ne pas les ouvrir avant un certain laps de temps. Mais une fois encore, l'impatience s'empara de Gandhari, si bien qu'elle ne put attendre et ouvrit les pots avant terme. C'est pour cette raison que les Kauravas naquirent imparfaits et remplis de mauvaises dispositions mentales. Ils furent l'instrument de la destruction du clan tout entier.

L'impatience empêcha Gandhari d'attendre que le *sankalpa* du sage fasse effet. Si elle avait eu assez de patience, elle aurait eu des fils brillants et vertueux comme les Pandavas. Les germes de bonté que les Kauravas, comme toute part de la création, portaient en eux, furent détruits par son impatience. En conséquence, elle eut comme fils aîné Duryodhana, le mauvais prince. Son impatience fut donc la cause d'une terrible destruction. »

Amma se tut et chanta un *bhajan* :

Oru nimisham enkilum

Ô homme,
Toi qui cherches le bonheur en ce monde,
Connais-tu une seule seconde de paix intérieure ?

Sans saisir la vérité,
Tu cours après l'ombre de Maya.
Tu connaîtras le même sort que le papillon,
Attiré par l'éclat funeste de la flamme.

Au cours des âges, tu as évolué au travers de différentes incar-
   nations,
Insecte, oiseau ou animal,
Et tu as finalement pris naissance en tant qu'être humain.
Quel but pourrait avoir la vie humaine,

Sinon de réaliser le Soi ?

Renonce à l'orgueil et à l'avidité,
Abandonne cette vie d'illusions,
Et consacre ta vie humaine
À glorifier le Brahman suprême.
La réalisation de Dieu est ton droit de naissance
Ne gaspille pas cette précieuse vie.

Lorsque le chant fut terminé, un dévot demanda à Amma de commenter l'histoire de Gandhari.

Amma : « L'espèce humaine court à sa perte. Les gens n'ont pas la patience d'attendre que le *sankalpa* de Dieu prenne effet dans leur vie ou dans la société en général. Ils sont aveuglés par leur impatience et par leur soif de plaisir immédiat. L'ego veut toujours relever les défis et satisfaire ses désirs le plus rapidement possible. Dans leur hâte, les gens perdent patience et discernement, ce qui obscurcit leur vision. Si l'on n'y met pas un terme, cela se terminera par un désastre. Lorsque chacun, dans la société, sera devenu aveugle, les heurts seront constants : les individus, les communautés et les nations s'affronteront. L'impatience engendre la discordance et l'imperfection. Les maux du monde d'aujourd'hui, provoqués par l'impatience, frayent la voie à une formidable destruction. Si nous ne nous réveillons pas, elle est inévitable. Telle est la morale de l'histoire.

Le divin *sankalpa* de Dieu est à l'œuvre dans le moindre atome de la création. Le Divin est toujours présent, mais notre impatience ferme les portes et empêche le *sankalpa* divin de prendre effet dans notre vie. Duryodhana, le fils de l'impatience, ferma toutes les portes de son cœur, si bien que la grâce et la lumière de Sri Krishna ne purent entrer dans sa vie. Il y avait à sa cour de nombreux sages, mais aucun d'entre eux ne parvint à lui ouvrir les yeux. Sa méchanceté et son impatience extrême l'incitaient à des conclusions hâtives, qui déplaisaient à son entourage.

Seul un développement profond, progressif et régulier peut avoir un effet réel. La devise de Dieu est : évolution. La croissance qui nous permet d'accéder à la Conscience divine est presque toujours un processus évolutif. Avant d'entrer dans le royaume de la Vérité, il nous faut acquérir la pureté et la maturité nécessaires. C'est ce que les rituels nous apportent. Quand nous les avons obtenues, nous sommes prêts à plonger dans l'océan de *sat-chit-ananda*, et il n'est plus besoin alors d'action ni de rites. Lorsque nous agissons ou accomplissons des rituels, gardons à l'esprit que la connaissance du Soi est le but ultime. À l'époque de Krishna, les gens avaient oublié dans quel dessein ils effectuaient ces rites. Ils y étaient attachés et ne faisaient aucun effort pour transcender l'aspect ritualiste de la religion. Ils avaient oublié que ces pratiques avaient pour fin de les mener au but suprême, d'où les critiques de Krishna. Ne croyez donc pas, mes enfants, que Krishna ait eu quoi que ce soit contre les rituels védiques en eux-mêmes. Si vous lisez la *Bhagavad Gita* correctement, vous comprendrez ce qu'Il voulait vraiment dire.

Observez un arbre : le fruit n'apparaît jamais avant l'éclosion des fleurs et leur chute de l'arbre. Sur la voie spirituelle, le fruit ultime est la connaissance du Soi. Pour l'obtenir, il faut d'abord que les fleurs de l'action (*karma*) s'épanouissent et tombent. »

En fond sonore, les doigts de David le musicien dansaient gracieusement sur les cordes de sa harpe, tandis qu'il chantait doucement :

Soham, soham
Toi et moi, nous ne faisons qu'un ;
Amma, Amma, soham,
Toi et moi, nous ne faisons qu'un ;
Shiva, Shiva, soham,

Toi et moi, nous ne faisons qu'un ;
Krishna, Krishna, soham,
Toi et moi, nous ne faisons qu'un ;
Jésus, Jésus, soham,
Toi et moi, nous ne faisons qu'un ...

Le contact divin

Le programme du soir se déroula dans la salle de réunion des Amis Quakers. Une foule importante attendait Amma à son arrivée. La manière dont elle parvient à communiquer avec les gens, bien qu'il n'y ait pas de conversation directe, est étonnante.

À la porte, les dévots accueillirent Amma à la manière traditionnelle : ils lavèrent ses pieds sacrés, lui passèrent une guirlande autour du cou et accomplirent le rituel de *l'arati* en décrivant devant elle des cercles avec la flamme du camphre.

En traversant le hall, Amma touchait souvent les gens en passant devant eux. Elle caressait le cœur d'une personne, en ébouriffait affectueusement une autre, lançait un regard plein d'amour, tapotait une joue ou bien souriait à quelqu'un. Ces petits gestes avaient un grand effet. Ceux qu'Amma avait touchés, regardés, ou auxquels elle avait souri, éclataient souvent d'un rire joyeux ; d'autres étaient émus jusqu'aux larmes. Le regard d'Amma rayonnait d'un tel amour, son contact remplissait l'être entier d'une telle joie, d'une telle paix, que certains allaient ensuite s'asseoir dans un coin et s'absorbaient en méditation. Des visages contractés, sur lesquels on pouvait lire les tensions et la souffrance, étaient notablement transformés par cet instant de contact avec Amma.

Le programme commençait à dix-neuf heures. Les *bhajans* se terminèrent sur *Omkaradivya porule*.

Omkara divya porule

Venez vite, mes enfants chéris !
Vous êtes l'essence du Aum.
Mettez fin à toutes les souffrances,
Devenez dignes d'adoration et fondez-vous en Aum.
Même si vous trébuchez, mes enfants,
Amma marche toujours près de vous,
Éveillant en vous
La conscience de l'éternité.

Mes enfants chéris,
Dieu est amour,
Que votre cœur ne l'oublie jamais ;
En méditant sur cette incarnation de l'Amour
Vous aussi deviendrez l'Amour incarné ...

Amma remplaça le refrain par *Aum*. Le chant se termina par la mélodieuse psalmodie du *Aum*, reprise en chœur par toute l'assistance. Cela dura plus de cinq minutes. Amma semblait emmener l'auditoire vers le monde de la Vérité, le royaume du *Aum*, du son primordial.

Un acte d'amour innocent

À trois heures du matin, quand le *darshan* fut enfin terminé, Amma se leva et sortit lentement du hall, touchant avec amour tous les dévots qui faisaient la haie sur son chemin. Il faisait froid dehors ; Amritatma attendait Amma à côté de la voiture. Il fut alors témoin d'une scène très émouvante.

Il y avait des travaux devant le hall et le sol était défoncé. Une large planche de bois servait de pont, permettant de franchir le trou. La planche était solide, mais d'allure rugueuse et sale. Il faisait froid, mais un dévot, Ken Goldman, enleva son manteau et l'étendit avec amour sur une partie de la planche pour qu'Amma marche dessus. Voyant que cela ne suffisait pas à recouvrir le pont improvisé, sa femme, Judy, ôta aussitôt son manteau et le posa à côté de celui de Ken. Mais une partie du bois était encore visible. Inspirés par leur exemple, les deux fils de ce couple enlevèrent chacun leur petit manteau pour le placer soigneusement sur le reste de la planche.

Quand Amma sortit et vit les quatre manteaux étalés sur le pont, elle dit : « Mes enfants, que faites-vous là ? Pourquoi abî-mez-vous vos beaux vêtements ? Il fait très froid ; s'il vous plaît, reprenez vos manteaux et mettez-les. Ce corps a été élevé dans des conditions difficiles et austères, Amma peut donc s'adapter facilement à toute situation. Elle n'a besoin d'aucun traitement de faveur. » Elle se baissa et essaya de ramasser les manteaux, mais Ken et Judy s'agenouillèrent devant elle et protestèrent : « Non, Amma, s'il te plaît, purifie nos vêtements en les foulant de tes pieds ; lorsque nous les remettrons, nous aussi, nous serons purifiés. » Lorsque Ken et Judy regardèrent Amma, leurs deux enfants étaient blottis contre elle. Amma sourit et serra toute la famille dans ses bras avec beaucoup d'affection. Puis, exauçant leur prière, elle traversa le pont en marchant sur leurs vêtements et monta dans la voiture. Les membres de la petite famille ramas-sèrent joyeusement leurs manteaux et les remirent.

Dans la voiture, Amma déclara : « Ce que ces enfants (les Goldman) viennent de faire symbolise pour Amma l'idéal d'une famille de *grihasthasramis* (ceux qui se consacrent à la vie spirituelle tout en menant une vie de famille).

Lorsque mon fils a retiré son pardessus pour l'étendre sur la planche, il était prêt à sacrifier son vêtement et à affronter le froid, parce qu'il considérait comme son devoir (*dharma*) de protéger les pieds d'Amma. Quand sa femme a vu que le manteau ne suffisait pas à recouvrir la planche, elle a enlevé le sien, pensant que son devoir était d'achever ce que son mari avait commencé. Mais comme cela ne suffisait pas encore, les deux enfants sont venus à la rescousse et ont terminé l'œuvre de leurs parents. Les membres de cette famille, inspirés par leur idéal, ont donc coopéré sincèrement pour accomplir une tâche qu'ils considéraient comme leur *dharma*. Cette anecdote peut sembler insignifiante, mais chacun d'entre eux a sacrifié quelque chose pour le bonheur de quelqu'un d'autre. Cela ne veut pas dire qu'Amma avait besoin de ces vêtements sur la planche, mais leur exemple a fait fondre son cœur. Elle a ressenti tant d'amour pour ces enfants !

Nous devrions développer cette attitude, non seulement envers Amma, mais envers chacun. Coopérer avec amour et s'entraider, agir pour le bien commun, pour le progrès de la société entière, tel est notre véritable *dharma*. Il peut nous mener au but ultime de la vie, la réalisation du Soi, mais pour cela, il faut toujours commencer au niveau de la famille. »

Amazing grace (grâce inouïe)

Il était quatre heures du matin quand le *darshan* se termina. Les dévots étaient restés assis des heures durant auprès d'Amma, contemplant son visage radieux, toujours frais, toujours neuf, sans cependant jamais perdre son caractère familier. Ils avaient bu pendant des heures à la coupe inépuisable de son amour divin, sans bouger de leur place, sinon pour aller à son *darshan*. Amma se leva enfin et s'apprêtait à sortir, quand elle s'arrêta tout à coup pour regarder quelqu'un assis au fond du hall. Elle appela : « *Mol* (ma fille) ! » Tout le monde se retourna pour voir à qui elle s'adressait. Elle appela de nouveau : « *Mol*, viens ! » L'instant d'après, une jeune femme se précipitait vers Amma. Elle poussa un cri et tomba à ses pieds. Elle sanglotait en appelant « Mère, Mère ! » Quelques personnes s'apprêtaient à l'éloigner de force, mais Amma les arrêta en disant : « Non, laissez-la. Elle est dans une grande souffrance. Laissez-la épancher son chagrin. » Ils se contentèrent donc de regarder la scène sans intervenir. Quelques minutes s'écoulèrent. Cette femme était toujours allongée aux pieds d'Amma, et pleurait abondamment. Amritatma et quelques autres s'impatientèrent et s'avancèrent en lui demandant de se lever. Cette fois, Amma ne dit rien mais elle les arrêta d'un regard sévère. Quelques minutes encore s'écoulèrent, puis la femme se releva lentement et s'agenouilla devant Amma. Elle joignit les mains en signe de respect et regarda le visage d'Amma. Elle tenta de parler à travers ses larmes, mais la force de l'émotion l'en empêcha. Amma lui sourit avec une expression de profonde compassion et la serra contre elle. De nouveau, la jeune femme fondit en larmes. Amma ferma les yeux et sembla glisser dans un autre monde. Elle cajolait la femme, lui caressant les cheveux, tout en murmurant « *Mol... mol...* »

Puis, doucement, Amma lui dit : « Ma fille chérie, mon enfant, ne pleure pas. Amma connaît si bien ton cœur ! » Les témoins de la scène remarquèrent qu'Amma elle-même essuyait des larmes. Voyant cela, plusieurs d'entre eux ne purent s'empêcher de pleurer.

Cet incident illustre l'affirmation suivante d'Amma : « Lorsque vous êtes en présence d'Amma, elle devient vous. Amma est comme un miroir. Elle reflète les sentiments de ses enfants. »

La femme parvint enfin à s'apaiser. Amma l'étreignit une fois encore, l'embrassa tendrement sur les deux joues, puis sortit lentement du hall. En passant, elle témoigna de l'affection à tous ceux qui se trouvaient sur son chemin. L'atmosphère était imprégnée de son amour. Une femme se mit spontanément à chanter *Amazing grace*, et tous reprirent le chant en chœur :

Grâce inouïe

Grâce inouïe, qu'il est doux le nom
Qui a sauvé un misérable pécheur tel que moi,
J'étais égaré, me voilà retrouvé
J'étais aveugle, et maintenant je vois.

La grâce a enseigné à mon cœur la crainte
La grâce a apaisé toutes mes peurs,
Que cette grâce m'a semblé précieuse
Le premier moment où j'ai cru.

J'ai traversé tant de dangers, de souffrances et de pièges,
C'est la grâce qui m'a permis
D'arriver sain et sauf jusqu'ici
C'est la grâce qui me ramènera dans mon foyer.

Que le nom de Jésus est doux aux oreilles du croyant,
Il apaise ses souffrances,
Il guérit ses blessures
Et il dissipe sa peur.

Jésus doit-il porter la croix tout seul
Et le monde entier être libre de la souffrance ?
Non, il y a une croix pour chacun
Et il y en a une pour moi aussi.

Puis Amma, source de toute grâce, monta dans la voiture, qui démarra.

Le lendemain, la femme qui avait tant pleuré aux pieds d'Amma confia à Amritatma ce qui lui était arrivé. Elle était venue dans le hall juste avant le début du programme et était restée assise au fond pendant tout le temps, regardant Amma donner le *darshan*. Elle-même n'avait pas l'intention d'y aller. Il y avait une raison à sa réticence : elle avait commis dans le passé quelques fautes graves qu'elle jugeait impardonnables ; elle se sentait donc extrêmement coupable. En voyant Amma et l'amour infini qu'elle répandait sur tous, elle avait pensé qu'une pécheresse comme elle ne méritait pas de recevoir un tel amour. Ayant décidé de ne pas aller au *darshan*, elle avait pleuré pendant tout le programme. Mais Amma l'avait vue et l'avait appelée à la fin, n'ignorant rien de sa souffrance intérieure.

Quelques jours plus tard, dans la voiture qui conduisait Amma au programme du soir, Amritatma lui demanda pourquoi, ce soir-là, elle avait attendu la fin du *darshan* pour appeler cette femme.

Amma : « En restant assise aussi longtemps en présence d'Amma, en la regardant, cette fille a pris soudain conscience du terrible poids de culpabilité qu'elle portait. Cette prise de conscience a créé le besoin de vider l'abcès pour en être libérée. Tandis qu'elle était assise au fond de la salle, l'amour d'Amma, qu'elle ressentait profondément, l'a aidée à apaiser sa souffrance intérieure. Toutes ces larmes ont fait fondre son sentiment de culpabilité et quand Amma l'a enfin appelée, elle était prête à déposer son fardeau et à trouver la paix à laquelle elle aspirait. Cela n'aurait pas pu se produire si Amma l'avait appelée au début du *darshan*, car elle avait besoin de temps pour s'ouvrir. Pour que les choses aient un effet durable, un processus bien défini est nécessaire.

Un pécheur – en réalité, il n'y a pas de pécheurs, car l'illumination est latente en tout être humain, même chez le pire des pécheurs, attendant de se révéler le moment venu. Personne n'est donc en réalité un pécheur. Il n'existe que *l'atman*. Amma n'utilise le mot pécheur que pour la commodité de l'explication. Un pécheur ne peut trouver la paix qu'en présence d'un Maître, car son mental peut alors s'écouler librement. Dans cette atmosphère d'amour inconditionnel, tous les péchés fondent. Le barrage qui enfermait le mental s'ouvre et permet au mental endurci et à ses émotions de s'adoucir et de s'écouler sans obstacle.

Cette femme était enfermée dans sa souffrance. Elle n'avait jamais eu la possibilité de se délivrer de la culpabilité et du chagrin accumulés dans son mental, car elle n'avait jamais rencontré les conditions favorables pour que cela se produise. La souffrance était donc restée profondément enfouie en elle.

Vous essayez de recouvrir votre douleur par des pensées, d'objets et de plaisirs variés. Vous achetez par exemple une voiture neuve ou bien une nouvelle maison, vous changez de petite amie ou d'ami, et comme vous continuez à recouvrir votre douleur par des couches toujours plus nombreuses de distractions, elle se durcit avec l'âge ; elle devient plus forte et son emprise se fait plus subtile. Vous allez voir un psychothérapeute, mais que peut-il faire ? Il est pris au piège de son propre mental. Tout ce qu'il peut faire, c'est vous aider à recouvrir votre douleur d'une couche supplémentaire, et la souffrance reste en vous, sans aucune possibilité de guérison. Quiconque tente d'aider quelqu'un à guérir d'une telle douleur constatera qu'aucune guérison, aucun changement ne peuvent se produire tant que sa propre conscience n'est pas à un niveau plus élevé que celle de la personne qu'il essaye d'aider. Ce qui compte, c'est votre niveau de conscience. Un être réalisé se situe au niveau de conscience suprême ; il est parvenu au sommet. En sa présence, toutes les souffrances s'évanouissent et les blessures psychiques guérissent spontanément.

Seul un *sadguru* peut accorder la grâce nécessaire, créer les conditions adéquates pour que votre douleur émerge. C'est exactement ce qui s'est produit. La souffrance de cette femme est remontée. La présence d'Amma lui a permis de se délivrer du fardeau de culpabilité qu'elle avait porté pendant tant d'années.

La meilleure façon de se libérer d'une lourde culpabilité, comparable à une blessure infectée qui vous rongerait de l'intérieur, c'est d'en devenir pleinement conscient. Cela ne peut se produire qu'en présence d'un vrai maître. Le Maître vous montre les profondes blessures qui suppurent en vous. Il vous aide à prendre conscience des graves préjudices qu'elles vous ont causés, de la manière dont elles ont gâché votre vie. Finalement, grâce à son amour et à sa compassion infinis, vos blessures guérissent.

Voici une histoire qui vous permettra peut-être de mieux comprendre.

Il était une fois un homme riche toujours submergé de travail et qui souffrait d'un grand stress, si bien qu'il avait perdu toute paix intérieure. Il consulta différents médecins et thérapeutes pour trouver un remède à son problème. Tous, y compris ses amis, le pressaient de quitter son travail, de se reposer, de rester chez lui et de goûter une vie paisible. Mais ni les conseils, ni les médicaments qu'il recevait ne semblaient l'aider. Il entendit un jour parler d'un grand maître qui vivait retiré dans une grotte isolée. Il était tellement désespéré, qu'il décida d'aller lui rendre visite. Après un voyage long et difficile, il parvint enfin à destination. Il gelait, et pourtant le saint était assis nu dans la caverne. D'un geste paisible, il fit signe au visiteur de s'asseoir auprès de lui, puis il ferma les yeux et entra en *samadhi*. Il y resta pendant trois jours, tandis que le visiteur demeurait patiemment assis sans bouger dans la grotte glacée, sans manger ni dormir, tant il désirait se libérer de cette souffrance. Le troisième jour, le saint ouvrit les yeux et lui dit : « Quitte ton travail et repose-toi. Reste chez toi et goûtes-y une vie tranquille. » L'homme écouta les paroles du sage et rentra chez lui.

Quelques jours plus tard, ses amis lui rendirent visite. Ils furent surpris de voir la paix et la joie qui l'habitaient. Ils se demandèrent comment une telle transformation avait pu se produire en si peu de temps. Quand il leur raconta sa visite chez le saint et leur rapporta ses paroles, ils s'exclamèrent : « Mais c'est exactement ce que nous t'avons conseillé de faire depuis des années ! » L'homme sourit et dit : « Vous vous êtes peut-être servi des mêmes mots. Mais en les entendant de la bouche d'un vrai maître, j'ai soudain pris conscience de leur sens réel, caché. Lorsque le Maître a prononcé ces paroles, voyez-vous, j'ai eu une révélation. Il m'est apparu clairement que « quitter mon travail et me reposer » signifiait retirer les sens du monde de la diversité et que « rester à la maison pour jouir de la paix » voulait dire demeurer établi dans le Soi, voyant toute chose comme la manifestation du Divin. La présence du Maître, la puissance de Sa parole ont réduit à néant mes peurs et mes tensions. Je goûte enfin la véritable paix intérieure. »

Mes enfants, une véritable transformation ne peut se produire qu'en présence d'un être réalisé. Mais la femme qui pleurait aussi bien que l'homme de cette histoire ont dû fournir un effort avant de parvenir à la paix intérieure. Cependant, en réalité, aucun effort véritable n'est nécessaire, car cela n'implique aucune force, aucune tension. L'effort se produit sans peine, spontanément – il arrive de lui-même. Les barrières du cœur s'ouvrent, permettant à la grâce du Maître de se répandre et d'apporter dans notre vie une lumière et une énergie nouvelles. »

L'exactitude des paroles d'Amma fut bientôt démontrée. La femme revint en effet la voir peu après voir et lui confia qu'elle se sentait comme une personne différente, que pour la première fois depuis des années, elle était détendue et en paix avec elle-même.

Amritatma posa une autre question à Amma : « Amma, tu aurais pu anéantir sa souffrance par un simple *sankalpa*, sans qu'elle ait besoin de pleurer ainsi pendant des heures. Pourquoi ne l'as-tu pas fait ? »

Amma : « Fils, c'est exactement ce qui s'est produit. Le *sankalpa* d'Amma était à l'œuvre – il est toujours présent. Pourquoi penses-tu que cette femme a eu l'idée de venir voir Amma ? Et si elle était venue de son propre chef, elle aurait très bien pu repartir, au lieu de rester assise au fond de la salle à pleurer pendant tout le *darshan*. Pourquoi est-elle restée aussi longtemps ? Et enfin, pourquoi s'est-elle ouverte à ce point ? Penses-tu que tout cela aurait pu se produire sans le *sankalpa* d'Amma ? Son effort personnel n'y aurait pas suffi. La grâce et le *sankalpa* divins sont partout à l'œuvre.

Les situations qui nous permettent de nous ouvrir et de croître intérieurement ne peuvent se produire que grâce au *sankalpa* de Dieu ou du *guru*. Rien n'arrive par hasard, soyons-en bien conscients. »

Le premier Devi Bhava

Le premier *Devi Bhava* se déroula dans le salon d'Earl, où un petit temple avait été installé pour l'occasion. Au début de la soirée, avant le *Devi Bhava*, Br. Amritatma présenta la biographie d'Amma sous la forme traditionnelle dite *katha*, où la narration est illustrée par des chants. Tous les dévots furent profondément émus, d'autant plus que la plupart venaient juste de rencontrer Amma et ignoraient tout de sa vie remarquable.

La maison était pleine à craquer, les gens étaient partout, même dans le jardin. Après la narration, les dévots attendaient dans le salon que le *Devi Bhava* commence. Ils ne savaient pas à quoi s'attendre. On leur avait dit qu'Amma s'apprêtait à révéler son unité avec la Mère divine de façon plus tangible.

Amma confia un jour à quelques-uns de ses disciples : « Si vous aviez la vision de ce qu'Amma est réellement, cela vous submergerait – vous ne pourriez le supporter. Pour éviter cela, Amma se dissimule sous une couverture épaisse d'illusion (*maya*). Mais pendant le *Devi Bhava*, elle ôte un ou deux voiles et révèle un peu plus ce qu'elle est réellement. »

Cette nuit-là, lors du premier *Devi Bhava* d'Amma en Occident, il sembla aux *brahmacharis* qu'Amma enlevait plus de voiles que d'ordinaire. Ce fut une nuit inoubliable pour tous.

Les rideaux, des saris de soie colorés que l'on avait assemblés, s'ouvrirent tout à coup et les *brahmacharis* se mirent à chanter le *Durga suktam (Mahanarayana Upanishad)*, ainsi qu'ils le faisaient toujours au début du *Devi Bhava*.

Amma, assise sur une chaise, portait un splendide sari de soie d'un vert profond et la couronne traditionnelle de Dévi, la Mère divine. Les dévots étaient en extase. Quand Amma donnait le *darshan* pendant la journée, on pouvait voir et sentir sa nature divine d'une manière indescriptible. Mais en cet instant, la révélation était encore plus puissante. Son visage rayonnait de la puissance, de la beauté et de la compassion de la Mère divine, et cet éclat illuminait la pièce entière, imprégnait l'atmosphère comme un parfum glorieux. Amma débordait d'énergie divine, au point que son corps entier vibrait. Ce tremblement continua pendant tout le *Devi Bhava*, qui se termina à l'aube.

Un par un, les gens s'avançaient vers Amma qui les étreignait. Dans cette étreinte, ils avaient l'expérience directe d'un pouvoir supranaturel, extrêmement subtil et cependant infiniment puissant. Certains comparaient cela à un fort courant qui les aurait rechargés, les apaisant et les élevant. D'autres se sentaient purifiés, et leur négativité s'évanouissait. D'autres encore étaient transportés dans un état de conscience transcendantal, au-delà du temps et de l'espace. Toute la nuit, des gens chantèrent et dansèrent de joie. Les *brahmacharis* étaient devant le temple et chantaient des *bhajans*. Au début du *Devi Bhava*, ils entonnèrent :

Jaya jaya Devi Dayamayi Ambe

Gloire ! Gloire à la Mère pleine de bonté !
Ô Mère, donne-nous la béatitude

De cet Océan de compassion qui est le Tien
Révèle le Véda à Tes dévots
Ô ma Déesse Amritanandamayi
Garder le souvenir constant de Ton visage de lotus
Détruit le péché et la peur du devenir.
Toi qui es unie au pur dharma
Toi qui donnes d'heureux auspices.
Ô ma Déesse Amritanandamayi

Ô Mère, Toi qui nous dis de renoncer
Au confort de la vie matérielle
Créatrice de l'univers
Toi dont la nature est pureté
Ô ma Déesse Amritanandamayi

Ô grande sainte adorée par Tes dévots
Au sourire pur et enchanteur
Tu résides dans l'état suprême
Que le désir ne peut toucher
Ô Amritanandamayi

Pour nous délivrer de ce monde de souffrance
Tu as pris naissance en tant que déesse de la sagesse
Ô Amritanandamayi
Puissent Tes pieds sacrés
Illuminer nos cœurs à jamais.

Tu as pris naissance
Pour le bonheur de ceux qui souffrent
Ton saint but étant de donner le bien-être aux autres
Tu as pris une forme humaine
Toi dont la vraie nature est Être-Conscience
Ô ma Déesse Amritanandamayi

Pour purifier le mental,
Tu nous enseignes à discerner entre le Soi et le non-Soi.
Toi qui es plongée dans l'Atman
De douces paroles s'écoulent de Tes lèvres
Comme un flot d'ambroisie
Ô Amritanandamayi.

Tard dans la nuit, à la fin du *Devi Bhava*, Amma se leva et s'avança vers le devant du temple pour répandre des pétales de fleurs sur tous, adorant ainsi en chacun l'Absolu. Puis elle resta encore debout, tournant légèrement le corps d'un côté, puis de l'autre. Une transformation visible se produisit alors. Il sembla à Amritatma qu'Amma devenait soudain plus grande, plus imposante, et que son visage était très différent. La même compassion infinie brillait encore dans ses yeux, cependant il ne voyait plus devant lui la douce et tendre Mère, mais la forme infiniment puissante de Dévi, la Mère de l'univers, sous son aspect plus impersonnel, inspirant le respect sacré. Et tandis qu'Amma, parmi les aspects infinis de son être, révélait celui-là, Amritatma et les autres *brahmacharis* chantèrent :

Om Bhadrakali

Om Bhadrakali
Ô Déesse qui nous donne refuge,
Enchanteresse et Mère,
Bénis-moi !

Ô Déesse qui a tué le démon Chamunda
Protège Tes dévots avec amour
Et accorde-leur le bonheur
Nous T'en prions !

Nous nous prosternons à Tes pieds de lotus
Ornés de bracelets d'or.
Ô Chandika,
Ô belle Déesse,
Grande danseuse,
Bénis-nous d'un regard de Ta grâce !

Ô vaillante Bhairavi,
Qui a coupé la tête du démon Darika ;
Cherchant refuge à Tes pieds,
Nous chantons Tes louanges !
Océan de grâce, nous nous prosternons devant Toi.

Carmel

La Mère Omnisciente

À Carmel, Amma donna un programme dans la salle de réunion du club des femmes. Elle logea chez le cousin de Nealou et d'Earl, Ron Gottsegen. Ron, âgé d'une cinquantaine d'années, était propriétaire d'une société d'électronique très prospère. Dès qu'il vit Amma, il se sentit profondément attiré vers elle. Dans l'après-midi, entre les deux programmes, Amma était assise toute seule sur la grande pelouse dans le jardin de Ron, quand Amritatma sortit et prit place à côté d'elle. Elle déclara alors : « Ron a les qualités d'un véritable chercheur. Il renoncera un jour à tout. C'est mon fils. » C'est exactement ce qui arriva. Ron acheta plus tard un vaste terrain à San Ramon et l'offrit en cadeau à Amma, exprimant ainsi son amour. Ce domaine devint l'ashram d'Amma en Californie. Ron fut ensuite chargé d'organiser le développement de l'hôpital aux multiples spécialités construit sous l'égide d'Amma à Cochin. Il vit donc maintenant en Inde.

Seattle

À Seattle, Amma logea chez Monsieur et Madame Hoffman. Le premier programme, ce soir-là, se déroula chez eux. Dès son arrivée aux États-Unis, Amma avait écrit de petites lettres à chacun des résidents de l'ashram de Vallickavu, parce qu'elle savait à quel point ils souffraient de la séparation. Si elle avait un peu de temps libre entre le programme du matin et celui du soir, Amma leur écrivait. Un soir elle dit : « La méditation du matin vient de se terminer à l'ashram en Inde. Amma peut voir tous ses enfants assis devant la salle de méditation. Ils pensent à Amma et sont très tristes. Certains pleurent, tant elle leur manque ! » Amma cita les noms de ceux qui pleuraient, puis elle ferma les yeux et s'assit, immobile, les larmes coulant le long de ses joues.

Quand le *darshan* fut terminé ce soir-là, Amma exprima le désir de parler aux résidents de l'ashram en Inde. On téléphona donc à Mahadevan, un dévot d'Amma qui habitait Allepey, ville proche de l'Ashram, et il fut convenu que les résidents viendraient attendre l'appel d'Amma le lendemain à la même heure.

Le jour suivant, après le programme du soir, Amma appela Allepey et parla à ses enfants, qui étaient venus de l'ashram. Ils étaient impatients d'entendre sa voix au téléphone. Amma leur demanda s'ils étaient tristes. Ils lui dirent qu'ils avaient été particulièrement tristes la veille. Après la méditation du matin, ils étaient restés devant la salle en songeant à elle et en pleurant. Et maintenant, voilà qu'elle les appelait ! Avec des paroles pleines de compassion, Amma s'efforça de les consoler au téléphone. Elle leur dit qu'elle était toujours avec eux et qu'elle les avait vus la veille. Quand elle reposa l'écouteur, elle dit aux personnes présentes à quel point ses enfants de l'ashram étaient tristes et que cela lui avait brisé le cœur de les entendre appeler « Amma » au téléphone.

Il était clair qu'Amma avait répondu à l'appel intense de ses enfants en leur téléphonant.

La signification de ses larmes

Vous êtes peut-être surpris qu'un grand maître comme Amma puisse pleurer. À un moment où Shri Kumar (Swami Purnamri-tananda) était séparé d'Amma, elle lut une lettre qu'il lui avait envoyée. Amritatma remarqua qu'elle pleurait. La lettre contenait un chant que Shri Kumar avait composé, intitulé :

Arikullil

Le soleil s'est couché dans l'océan à l'ouest,
Le jour entame sa complainte.
Ce n'est que le jeu de l'architecte universel,
Pourquoi donc vous affliger,
Ô fleurs de lotus qui vous fermez ?

Ce monde rempli de misère et de souffrance
N'est rien d'autre que le drame de Dieu, le créateur.
Moi, le spectateur, je ne suis qu'une marionnette entre Ses
mains
Et je regarde sans pouvoir verser de larmes.

Séparé de Toi
Je brûle comme une flamme ;
Mon mental est en feu.

Je suis ballotté dans cet océan de douleur,
Incapable de trouver le rivage.

Lorsque Amritatma vit les larmes d'Amma, il songea : « Comment Amma, qui est au-delà de tous les sentiments, peut-elle pleurer ainsi ? » Quand il lui posa ensuite la question, elle répondit : « Fils, dans cette lettre et dans le chant que Mon fils Sri a composé, Amma a senti l'amour innocent qu'il lui porte et à quel point il se languissait d'elle. Amma n'est qu'un miroir, et c'est le reflet de son innocence qui l'a fait pleurer. Si vous pleurez ou riez, l'image dans le miroir fait de même. Ainsi, dans l'état de réalisation, vous devenez facilement l'autre. Mais vous n'êtes pas attaché parce que votre identification n'est qu'un reflet. Vous ne vous identifiez ou ne vous attachez à rien. Un vrai Maître répond à l'appel de ses dévots et de ses disciples. Mais la réponse dépend de l'intensité de l'appel du disciple, de la foi et de l'amour qu'il éprouve envers le Maître. Chacun est une parcelle de la conscience universelle. Ainsi, lorsque vous appelez Dieu du fond du cœur, les vibrations de cet appel parviennent à une grande âme qui est unie à cette conscience, et la réponse vient. Si tu vois des larmes dans les yeux d'Amma, ne crois pas qu'il s'agisse de larmes de tristesse. Ce n'est qu'une réponse à l'appel innocent qui lui a été lancé.

Sri Rama pleura lorsque le démon Ravana enleva Sita. Il demanda même aux oiseaux, aux animaux et aux plantes s'ils avaient vu Sa bien-aimée, Sita. Les larmes de Sri Rama reflétaient la souffrance qu'éprouvait Sita à être séparée de Son Seigneur bien-aimé. De même, les larmes qui vinrent aux yeux de Sri Krishna en retrouvant Son grand dévot Sudama reflétaient la dévotion de Sudama envers Lui. Même dans l'amour profane nous trouvons de tels exemples, pourvu que l'amour soit sincère. Le sentiment intense de l'un des amants se reflète dans l'autre.

L'amant appelle et la bien-aimée répond. Le dévot appelle et Dieu répond. Mais la nature de la réponse dépend de l'appel. »

Prenez de la distance par rapport aux situations

« Toutefois, la réponse n'est qu'un reflet car Dieu est au-delà de tout. Il est la Conscience témoin que rien n'affecte, parfaitement détachée. Dans cet état ultime, lorsque vous êtes témoin de tout ce qui vous arrive, des diverses expériences que vous traversez, qu'elles soient bonnes ou mauvaises, il y a une distance entre vous et chaque situation.

Imaginez que quelqu'un meure, non dans votre famille, mais dans celle d'un ami. Vous allez chez votre ami, vous vous asseyez près de lui et vous vous efforcez de le consoler. Vous lui dites : « Ne sois pas triste, mon ami. Les épreuves font partie de la vie ; tout le monde doit mourir un jour. Mais rappelle-toi que l'âme est éternelle ; seul le corps périt. » Vous pouvez lui parler ainsi grâce à la distance qui existe entre vous et la situation.

Mais si un décès se produit dans votre famille, votre attitude sera bien différente. Vous souffrirez parce que le problème vous touche de près.

Un chirurgien réputé qui a effectué des milliers d'opérations n'opérerait pas sa femme ou son enfant, parce qu'il leur est trop attaché. Si un membre de sa famille proche a besoin d'être opéré, quelles que soient son expérience et sa valeur, il demandera à un confrère d'opérer. De même, un psychologue est trop identifié à ses propres problèmes pour s'analyser ou se conseiller lui-même. Il va donc chercher de l'aide chez un autre thérapeute. Un *jivan mukta* par contre, se contente de rester témoin de tout ce qui arrive en lui et autour de lui. Il exprime peut-être des sentiments variés mais il n'y est pas attaché. Il est là, totalement présent, et pourtant il n'est pas là. »

Plus loin que le plus lointain – plus proche que le plus proche

Le dernier matin, à Seattle, un dévot américain qui étudiait les Écritures de l'Inde posa la question suivante : « Les *Upanishads* affirment que le *Paramatman* (l'Être suprême) est à la fois très éloigné et très proche.

Cette affirmation me plonge dans la confusion. Comment une chose peut-elle être à la fois lointaine et proche ? Amma, peux-tu m'expliquer cela ? »

Amma : « Fils, ce qui est partout est toujours à la fois proche et lointain. Le *Paramatman* est partout. Nous naissons à l'intérieur du Soi suprême, nous y vivons et nous y mourons, avant de renaître en Lui. Ce n'est pas une entité éloignée. Le *Paramatman* est en vérité « plus proche que le plus proche », la distance apparente est due à notre ignorance. Tant qu'elle existe, le Soi (*Atman*) nous semblera éloigné, « plus lointain que le plus lointain. »

Une fois détruite notre illusoire identification au corps, ce qui est « plus lointain que le plus lointain» devient « plus proche que le plus proche ». Nous prenons alors conscience que nous n'avons jamais été séparé du *Paramatman*, que nous avons toujours existé à l'intérieur de Lui – Il a toujours été là.

Imaginez que vous soyez sur une plage et que vous regardiez l'horizon. Au loin, il semble se fondre dans l'océan. Le ciel et la terre paraissent se rencontrer. S'il y a une île sur la ligne d'horizon, on peut avoir l'impression que les arbres de l'île touchent le ciel. Nous pourrions penser que si nous allons à cet endroit, nous arriverons au point où le ciel et la terre se rejoignent. Mais au lieu d'atteindre l'horizon, nous découvrirons que celui-ci s'éloigne au fur et à mesure que nous approchons. Plus nous avançons, plus il recule, si bien que nous ne pouvons jamais le rejoindre. Lorsque nous étions sur la rive, l'horizon paraissait toucher l'île et les arbres, mais au cours de notre approche, il s'est éloigné. Où donc est l'horizon ? Il est juste là où vous êtes. L'horizon et vous, vous vous trouvez exactement au même point. De même, le *Paramatman* n'est pas quelque part au loin, il est à l'intérieur de vous. En réalité, vous êtes vous-même le *Paramatman*.

Les gens disent souvent : « Je suis triste. » Ils veulent dire qu'ils sont la tristesse. Quand ils se sentent tristes, ils sont plongés dans ce sentiment. Ils commencent à s'identifier à leur souffrance jusqu'à ce qu'ils aient la sensation d'être cette souffrance.

Le *Paramatman*, la Conscience suprême, est tout proche. Mais à cause de notre identification erronée à la souffrance, au plaisir, au chagrin, à la colère et à d'autres émotions engendrées par la croyance inexacte que nous sommes le corps, et non la conscience, nous ressentons une distance. Cette identification est de l'ignorance. Une fois que vous avez transcendé l'ignorance et que vous ne vous identifiez plus au corps, vous n'avez plus le sentiment de souffrir ni d'être la souffrance ; vous êtes simplement conscient de la souffrance. Vous devenez le témoin, qui observe simplement la douleur ou toute autre sensation. Votre conscience se détache de ce qui arrive au corps. Lorsque vous parvenez à ce niveau de conscience, le *Paramatman* est plus proche que le plus proche. Mais auparavant, il semblait plus lointain que le plus lointain. C'est pourquoi ce qui est éloigné est aussi tout près.

Il était une fois une femme qui désirait profondément se marier. Pendant des années, elle chercha un mari qui lui convienne, sans jamais rencontrer la personne adéquate. Elle finit par abandonner et décida de se consoler en voyageant. Elle visita divers pays, divers continents ; un jour, alors qu'elle se trouvait dans un hôtel à l'autre bout du monde, elle rencontra un homme merveilleux. Ils tombèrent amoureux l'un de l'autre. Elle avait rencontré l'âme sœur. Ce qui les étonna tous deux, c'est qu'ils habitaient non seulement la même ville, mais le même immeuble, et que leurs appartements étaient voisins. Ils avaient vécu porte à porte pendant des années sans se remarquer !

Mes enfants, vous aurez beau chercher Dieu partout, vous ne Le trouverez pas, car Il est plus proche de vous que vous ne pouvez l'imaginer. Il vous semblera lointain tant que vous serez ignorants. Détruisez l'ignorance, débarrassez-vous de votre identification au corps et transcendez-la, éveillez-vous et devenez conscients. Vous saurez alors que Dieu est « plus proche que le plus proche. »

Après les programmes de Seattle, Amma prit l'avion pour retourner à San Francisco.

Ganesha

Ce matin-là, Amma, les *brahmacharis*, Gayatri et Saumya quittèrent la baie de San Francisco dans un petit bus, cadeau de Dennis et Bhakti Guest pour permettre à Amma de se rendre au Mont Shasta. Le minibus était petit, mais tout le monde désirait tellement être avec Amma qu'ils se serrèrent et se débrouillèrent pour y rentrer tous. En route, Amma s'arrêta dans la petite ville de Garberville pour y donner un programme. C'était une retraite qui se tenait dans un hôtel entouré d'immenses séquoias. Amma répondit également à l'invitation de Ken et de Judy Goldman, qui vivaient dans un mobile home non loin de Garberville et se rendit chez eux.

Les deux jeunes garçons des Goldman étaient très attirés par Amma. Pendant sa visite, ils la suivirent partout et elle leur apprit un chant. Ils répétaient chaque vers après Amma avec grand enthousiasme et chantaient :

Devi devi devi jaganmohini

Ô Déesse,
Enchanteresse de l'univers,
Chandika,
Destructrice des démons Chanda et Munda,
Ô Chamundeshvari,
Mère divine,
Montre-nous le chemin
Qui permet de traverser l'océan de la transmigration.

Les deux garçons demandèrent à Amma de jouer avec eux. Amma ne put rejeter leur innocente prière et passa quelque temps avec les deux enfants. Plus tard, alors que toute la famille était réunie autour d'elle, Amma demanda aux garçons : « Aurez-vous la même innocence et la même dévotion lorsque vous serez grands ? » Les garçons hochèrent aussitôt la tête en guise d'acquiescement.

Judy Goldman était si bouleversée par la présence d'Amma qu'elle fondit en larmes sans pouvoir s'arrêter de pleurer. Ken était très ému et souhaitait ardemment montrer à Amma sa collection de statues de Ganesh. Amma les regarda avec grand intérêt. Elle saisit l'une des statues et caressa affectueusement son gros ventre. Elle remarqua en riant : « Quel affamé ! Il a le monde entier dans sa bedaine ! »

Montrant du doigt le ventre rond du dieu éléphant, elle dit : « Le gros ventre symbolise la faim inextinguible que le chercheur éprouve pour la vérité. Les grandes oreilles de Ganesh symbolisent *shraddha*, la faculté d'un *sadhak* d'« entendre », c'est-à-dire d'assimiler les principes spirituels les plus subtils. Un éléphant peut, avec sa trompe, déraciner un arbre immense ou bien ramasser une aiguille. La trompe de Ganesh représente donc la capacité du *sadhak* de comprendre aussi bien les principes subtils que les plus grossiers.

La souris de Ganesh représente le désir. De même qu'une petite souris peut détruire toute une récolte, un seul désir peut anéantir toutes nos vertus. Mais un être réalisé (Ganesh) possède la maîtrise parfaite de son mental et de ses désirs. C'est pourquoi il chevauche une souris. Parfois, la souris est assise aux pieds de Ganesh et regarde intensément le visage du Seigneur, sans toucher aux sucreries déposées en offrande devant le dieu. Cela signifie qu'une âme réalisée domine son mental, qui ne bouge que sur son ordre. »

Amma regarda soudain Ken et l'appela « Ganesha ». Ken accepta joyeusement son nouveau nom.

Le matin du départ, Amma médita avec les *brahmacharis* et les autres participants au bord de la piscine de l'hôtel. À dix heures, elle partit pour le Mont Shasta. Ce voyage constitua l'un des événements les plus mémorables du tour.

La foi est plus importante que le raisonnement

En cours de route, Nealou, songeant que c'était là une bonne occasion de parler à Amma, lui posa une question :

« Amma, la science spirituelle insiste toujours sur l'importance qu'il y a à donner au cœur la primauté sur l'intellect. En fait, j'ai parfois le sentiment que certains maîtres déprécient le raisonnement et la connaissance purement intellectuels. Pourquoi agissent-ils ainsi ? »

Amma : « Fils, la spiritualité est plus une question de foi qu'un sujet d'analyse intellectuelle. La vraie foi se développe quand l'intellect a été mis de côté. Cela ne veut pas dire que la connaissance intellectuelle soit sans importance ; l'intellect a sa place, mais il ne faut pas le surestimer. Ne crois pas que la spiritualité se réduise à la connaissance des Écritures et à l'analyse intellectuelle. C'est souvent là que survient le problème. Il est important de créer un équilibre entre l'intellect et une foi totale dans les principes spirituels. Vos connaissances, votre faculté de raisonnement peuvent par exemple vous permettre de convaincre d'autres personnes de la valeur de la science spirituelle et de satisfaire leur soif intellectuelle. Mais en ce qui concerne votre progrès spirituel, la foi est plus importante que le raisonnement.

Dans vos pratiques spirituelles, la foi vous aide beaucoup plus que l'intellect. Pour être capable de méditer, vous devez posséder une foi absolue en ce que vous faites. Quel que soit le type de *sadhana* que vous pratiquez, il vous faut mettre de côté doutes, questions et réflexions, pour vous concentrer totalement sur votre pratique spirituelle. Sinon, vous ne pouvez faire aucun progrès. Si vous n'avez pas la foi, efforcez-vous de la développer sous la direction d'un *sadguru*. La connaissance intellectuelle a sa place. Si vous l'utilisez correctement, elle vous donne une certaine force mentale, un certain discernement. Mais pour que ce savoir devienne le fondement de votre existence, vous devez vous adonner à des pratiques rigoureuses. Et pour pratiquer, vous avez besoin d'une foi inconditionnelle. Il s'agit donc de créer un équilibre harmonieux entre la foi et la connaissance.

Pour se rappeler Dieu, il faut oublier. Se concentrer réellement sur Dieu, c'est être pleinement et totalement dans le moment présent, oubliant le passé et le futur. Cela seul constitue la véritable prière. Cette forme d'oubli vous aidera à calmer le mental et vous permettra de connaître la béatitude de la méditation. La vraie méditation met un terme à toute douleur. Notre souffrance est engendrée par le mental, dont le passé fait partie. C'est seulement en abandonnant le passé qu'il est possible de s'établir dans le Soi, en Dieu. On y parvient grâce à la méditation.

En réalité, nous possédons déjà cette faculté d'oublier et de nous rappeler. Nous le faisons souvent. Par exemple, quand un médecin est à l'hôpital, il oublie son foyer et sa famille. Et lorsqu'il rentre auprès des siens, s'il souhaite être un bon mari et un bon père, il oublie l'hôpital et son rôle de docteur. De même qu'il oublie ses fonctions quand il est en famille, si nous voulons penser à Dieu et nous concentrer sur l'objet de notre méditation, il faut oublier le passé, allant jusqu'à nous oublier nous-mêmes. Nous savons tous comment le faire dans une certaine mesure, mais nous n'avons pas encore appris comment puiser dans le royaume de la conscience suprême. Lâcher un aspect de la vie pour en embrasser un autre est un art. Il n'est pas difficile d'abandonner votre côté intellectuel pour adopter une attitude de foi innocente, pourvu que vous le désiriez vraiment.

Sri Shankara était un maître réalisé. C'était aussi un grand érudit doté d'un intellect extraordinaire. Ses connaissances et ses capacités intellectuelles lui permirent de dissiper de nombreux malentendus au sujet de la spiritualité et de mettre en lumière de justes interprétations des Écritures. Il éprouvait également une foi immense en ce qu'il enseignait. Si Shankara était si largement admiré et respecté, ce n'était pas seulement pour le brio intellectuel avec lequel il pénétrait le sens des Écritures, mais parce qu'il était lui-même l'incarnation de ce qu'il prêchait. La prise de conscience de « je suis Cela » n'est possible que grâce à une confiance absolue. Sans cette foi, vous ne pouvez pas mettre en pratique les principes spirituels. La certitude intellectuelle est un aspect des principes spirituels, la foi en est un autre. Les deux sont importants. Mais la foi suffit pour réaliser le Soi, tandis que la connaissance intellectuelle et le raisonnement seuls ne permettent pas d'accéder au stade ultime. »

Extase

La route longeait une belle rivière aux flots limpides et bleutés. La rivière scintillait au soleil et de la voiture, on pouvait entendre le bruit de l'eau. Par la fenêtre de la voiture, Amma regardait intensément le cours d'eau. Elle entra soudain en extase, criant « Ho... ho ! » (Un son qu'elle émet souvent en de tels moments.) Elle bondissait sur son siège comme une enfant, tandis que ses mains formaient une succession de *mudras*. Voyant l'exaltation divine d'Amma, le conducteur ralentit. En quelques secondes, Amma entra dans un état de profond *samadhi*. Voyant qu'elle était dans la béatitude spirituelle, les *brahmacharis* se mirent à chanter, tandis que le véhicule continuait à rouler lentement le long de la rivière :

Prapanchamengum

Ô apparence illusoire
Toi qui imprègnes tout l'univers,
Ô splendeur, ne poindras-Tu pas dans mon mental,
Pour que Ta lumière y brille à jamais ?

Ma soif sera étanchée si je bois
Ton amour et Ton affection maternelle.
Si je viens près de Toi
Pour me fondre dans Ta divine lumière
Toutes mes souffrances s'envoleront.

Combien de jours ai-je erré en quête de Toi,
L'Essence de toute chose ?
Ô ma Mère, ne viendras-Tu pas à moi,
Pour m'accorder la béatitude du Soi ?
Ne viendras-Tu pas ?

Le chant terminé, Amma était toujours dans un état de ravissement. Elle chanta alors *Radhe Govinda bhajo*, tout en riant aux éclats, tandis que son corps se balançait d'avant en arrière, comme si elle dansait au rythme du cosmos. Pendant qu'elle chantait, ses mains exécutaient spontanément des *mudras* divins. Elle revint peu à peu à l'état de conscience ordinaire. Ils roulèrent longtemps en silence, puis Amma prit la parole. Elle leur raconta une histoire.

Le silence est la réponse juste

Amma a entendu raconter l'histoire suivante : il était une fois un Maître réputé pour sa sagesse et sa grandeur spirituelle. Il faisait des sermons magnifiques, qui enthousiasmaient profondément les gens. Des villageois qui éprouvaient le désir de l'entendre parler l'invitèrent à venir dans leur bourgade. Le Maître accepta. Quand il arriva, des centaines de personnes l'attendaient. Après une réception somptueuse, le Maître monta sur le podium pour prononcer son discours. La foule était avide d'entendre ses paroles. Il leur dit : « Mes chers frères et sœurs ! Je suis heureux d'avoir le privilège d'être avec vous aujourd'hui. Mais permettez-moi de vous poser une question. Quelqu'un connaît-il le sujet dont je vais parler ? » En réponse à sa question, la foule entière s'exclama : « Oui ! Nous le connaissons ! » Le Maître marqua un temps d'arrêt, regarda la foule, sourit et dit : « Bien, alors si tout le monde le connaît, il est inutile que je dise quoi que ce soit, n'est-ce pas ? » Sans ajouter un mot, il descendit du podium et quitta le village.

Les villageois étaient très déçus. Ils décidèrent d'inviter à nouveau le Maître, qui accepta.

Le jour venu, il fut accueilli à la manière traditionnelle. Au moment de commencer son discours, il posa au public la même question que la fois précédente. Mais cette fois, les villageois s'étaient préparés. Alors quand il demanda : « Quelqu'un connaît-il le sujet dont je vais parler aujourd'hui ? », ils répondirent tous en chœur : « Non, nous n'en savons rien ! »

Le Maître fit une pause, tandis que son visage arborait un sourire légèrement malicieux. « Mes chers amis, si vous ignorez tout du sujet, il est inutile pour moi de discourir, n'est-ce pas ? » Avant que quiconque ait eu le temps de protester, il avait quitté les lieux. L'assistance était frappée de stupeur. Ils avaient cru avec tant de certitude que « Non ! » était bien la réponse attendue par le Maître ! Vous pouvez imaginer à quel point ils étaient déçus. Ils refusèrent cependant d'abandonner la partie. Ils s'interrogèrent. « Quelle pourrait être la réponse que le Maître attend, si ce n'est ni oui, ni non ? » Que leur fallait-il dire pour pouvoir enfin bénéficier de sa sagesse ? Ils se réunirent pour en débattre et décidèrent de ce qu'ils répondraient la fois suivante. Ils étaient certains que cette fois, cela marcherait. Ils invitèrent une fois encore le Maître. Il arriva le jour convenu. Les villageois étaient à la fois tendus et enthousiastes. Une fois encore, le Maître, sur le podium, leur posa la question : « Chers frères et sœurs, quelqu'un connaît-il le sujet dont je souhaite parler aujourd'hui ? » Sans hésiter un instant, la moitié de la foule cria « Oui ! », tandis que l'autre moitié criait « Non ! »

Ils attendaient, pleins d'espoir, suspendus aux lèvres du Maître. Mais il dit : « Eh bien, que ceux qui savent enseignent à ceux qui ne savent pas ! »

Le coup était inattendu. Avant qu'ils puissent se remettre du choc, le Maître partit tranquillement.

Que faire maintenant ? Ils étaient déterminés à l'entendre parler. Ils décidèrent d'essayer une fois encore. Ils se réunirent à nouveau. Il y eut toutes sortes de suggestions, mais aucune ne semblait être la bonne réponse. Finalement, un vieil homme se leva et dit : « Toutes les réponses que nous donnons semblent mauvaises ; la prochaine fois que le Maître posera la question, ne vaudrait-il donc pas mieux que nous restions muets, sans rien dire ? » Les villageois furent d'accord.

Lorsque le Maître revint, il posa la question habituelle. Mais cette fois, personne ne dit mot. Le silence était tel qu'on pouvait entendre une mouche voler. Dans la profondeur de ce silence, le Maître se mit enfin à parler et ses paroles de sagesse se répandirent sur les villageois. »

Lorsqu'Amma eut terminé l'anecdote, Amritatma songea : « Quelle belle histoire ! Mais que signifie-t-elle ? Elle doit avoir un sens profond ; si seulement Amma voulait bien expliquer... » Avant qu'il ait pu achever sa pensée, Amma se tourna vers lui et dit : « Le sens de l'histoire, c'est que nous ne pouvons entendre la voix de Dieu que dans la profondeur du pur silence. Lors de la première visite, lorsque le Maître demanda s'ils savaient de quoi il allait parler, les villageois répondirent : « Oui ! » C'est la voix de l'ego. La pensée « Je sais », vient de l'ego. Quand l'intellect, le siège de l'ego, est rempli d'informations, rien d'autre ne peut y pénétrer. Le mental plein à ras bord de savoir intellectuel ne peut recevoir la moindre goutte de connaissance spirituelle. C'est pourquoi le Maître n'a rien dit lors de sa première visite.

La seconde fois, les villageois répondirent : « Non, nous n'en savons rien ! » C'est une déclaration négative. Un mental fermé ne peut pas non plus recevoir la connaissance suprême. Pour cela, il faut être ouvert et réceptif comme un enfant innocent.

La troisième fois, ils dirent à la fois oui et non. Cela illustre la nature inconstante du mental, toujours sujet aux doutes. Un mental instable ne peut pas s'ouvrir à la connaissance réelle.

Quand les gens finirent par se taire, le Maître parla. Quand le mental arrête ses interprétations, nous pouvons enfin entendre à l'intérieur la voix de Dieu.

C'est comparable à un gobelet que nous voudrions remplir d'eau. La première réponse : « Oui, nous savons » est comme un gobelet déjà plein à ras bord. On ne peut rajouter une seule goutte. La seconde réponse : « Non, nous n'en savons rien. » est comme un gobelet tenu à l'envers. Inutile d'essayer de le remplir. La troisième réponse : « Oui » et « Non » à la fois, est comme un verre d'eau boueuse. L'eau est contaminée et a perdu sa pureté. Inutile de vouloir en rajouter car cette eau là aussi serait polluée. La quatrième réponse, le silence, est comme une timbale vide tenue bien droite : on peut la remplir de l'eau de la connaissance, elle la gardera.

Pour être capables d'écouter, d'assimiler et de digérer les paroles d'un Maître, il faut développer l'oreille intérieure. Les oreilles physiques sont incapables d'écouter Dieu. Elles fonctionnent en général comme deux ventilateurs : le son entre par une oreille et ressort par l'autre. Il nous faut une oreille intérieure spéciale.

Pour intégrer les paroles d'un Maître, il faut être intérieurement ouvert. Pour recevoir Son enseignement, nous devons développer une matrice spéciale. Un mental bruyant, saturé de mots, doit apprendre à rester silencieux et à écouter attentivement. Cette écoute implique votre être tout entier, elle ne se limite pas à une partie de vous, au mental et aux oreilles.

La voie vers l'abandon de soi

C'est seulement quand Arjuna s'est tu, que Krishna lui a parlé sur le champ de bataille. Au début, Arjuna avait des tas d'idées fausses. Il parlait et philosophait sans fin. Finalement, quand il se sentit épuisé, totalement désemparé, il lâcha ses armes et resta sans mot dire près de Krishna. Son arc et ses flèches symbolisent l'ego, l'intellect, le sentiment du moi et du mien, l'attitude : « Je peux combattre et vaincre. » Il lâcha l'ego et se tint tranquille, dans un état de désespoir complet. Sa connaissance du monde, son titre de roi, sa force et ses capacités de grand guerrier ne lui étaient maintenant d'aucune utilité. Il n'avait pas d'autre choix que d'accepter son échec total. Et l'ayant reconnu, il fit part à Krishna de son abattement. À ce moment-là seulement, le Seigneur parla, car Arjuna était alors assez ouvert pour écouter. Cette tranquillité silencieuse est l'état d'abandon de soi. C'est seulement dans ce silence que l'on peut réellement écouter. Dans ce silence intérieur, lorsque l'être entier est calme et paisible, l'abandon de soi se produit. C'est pourquoi il est impossible d'enseigner à quiconque comment s'abandonner. Cet état survient tout simplement en présence d'un *sadguru*. Le Maître y conduit le disciple en créant les conditions nécessaires à cette fin.

Quand Arjuna demanda à voir ses ennemis, qui attendaient avec impatience de combattre Krishna et les Pandavas *(Arjuna et ses quatre frères),* Krishna, l'être universel, plaça délibérément le char de façon à ce qu'Arjuna puisse voir Bhishma, Drona et les autres guerriers qu'il aimait et respectait profondément. Le Seigneur avait peu à peu créé différentes situations pour aboutir à ce moment ultime : l'abandon de soi d'Arjuna. Ce n'était que le dernier maillon d'une chaîne de circonstances créées dans ce but. Krishna savait que la vision du camp ennemi serait le point culminant de ce processus. C'est exactement ce qui arriva. En voyant devant lui sur le champ de bataille les gens qu'il s'apprêtait à combattre, ses parents bien-aimés et ses maîtres qu'il révérait, Arjuna fut submergé par l'attachement et par la peur. Il se mit à parler comme un être profondément dérangé, déversant le contenu de son mental, le savoir et les valeurs qu'il avait amassés dans le monde. Krishna lui permit de tout exprimer ; Arjuna fut bientôt épuisé. Il prit conscience de l'illusion dont il était prisonnier. Il comprit qu'il ne pouvait pas résoudre la situation extraordinaire dans laquelle il se trouvait et finit donc par s'abandonner au Seigneur. Mais cet abandon ne survint que lorsqu'il eut cessé de parler. Du monde des mots, il passa dans un monde nouveau de silence intérieur et il put écouter de tout son être les paroles de sagesse de Krishna.

Chacun espère réussir dans la vie et ceux qui connaissent le succès espèrent continuer ainsi ou même faire mieux. Il y a des gens qui n'ont pas encore atteint le sommet, mais qui s'y efforcent. Et ceux qui ont échoué espèrent encore améliorer leur situation. Tous vivent dans une grande tension, ils endurent beaucoup de stress et de fatigue. Qu'ils aient échoué ou réussi dans le passé, ils nourrissent de grands espoirs pour l'avenir et ne cessent d'y rêver. Dans leur cas, l'abandon de soi ne se produira pas facilement, car ils sont fortement enclins à poursuivre la lutte. Par contre, une personne qui se trouve dans l'état intérieur d'Arjuna n'a pas d'autre choix que de s'abandonner. Elle se sent complètement anéantie. Pour elle, il n'est plus question d'espoir ou de désespoir, de passé ou de futur ; elle s'abandonne, voilà tout.

Seul un *sadguru* peut vous mener à cet état, qui n'advient qu'en sa présence. Mettez de côté votre logique, vos interprétations et vos explications, comme le fit Arjuna, car rien de tout cela ne vous aidera au moment critique, lorsque vous comprendrez que vous avez échoué. Cet échec est celui de l'ego, celui de l'intellect. Acceptez-le et permettez-vous de passer à un état de silence intérieur. Alors, dans ce silence, vous pourrez facilement vous abandonner.

C'est lorsque vous avez essayé et échoué que vous devenez capable de vous abandonner à Dieu. Vous avez beau échouer d'innombrables fois, vous persistez à essayer jusqu'à ce que vous acceptiez votre impuissance. C'est au moment où vous prenez pleinement conscience de votre incapacité à progresser que vous vous abandonnez. Donc, continuez vos tentatives. Un jour ou l'autre, chacun doit passer par ce sentiment d'échec ultime.

Tout effort vient de l'ego. Comme l'ego est limité, son pouvoir est lui aussi limité. Tôt ou tard, la défaite et l'échec total sont donc inévitables. Lorsque cela se produit, votre mental devient silencieux et vous vous abandonnez. Votre être tout entier se tourne vers Dieu. Ce sont vos efforts qui mènent à ce sentiment d'échec total, ce qui ensuite vous permet de vous abandonner.

Malheureusement, nous avons une forte tendance à vouloir tout expliquer. Sans jamais accepter nos échecs, nous trouvons toujours une bonne raison pour justifier nos actions.

Voici une histoire :

Un homme entre dans un restaurant et commande un repas. Il est si affamé que, quand la nourriture arrive, il commence aussitôt à manger voracement, en y mettant les deux mains. Le serveur, stupéfait par ce comportement étrange, lui demande : « Mais que faites-vous donc ? Pourquoi mangez-vous ainsi avec les deux mains ? » L'homme répondit : « Parce que je n'en ai pas trois. »

La plupart des gens sont ainsi. Ils n'ont pas l'honnêteté de dire la vérité ni de reconnaître leurs fautes. Quoi qu'il arrive, ils s'efforcent toujours de justifier leurs actes. »

Amma se tut et regarda par la fenêtre. Le voyage avait été long. Ils avaient quitté Garberville à dix heures du matin et il était maintenant dix-sept heures. Ils approchaient du Mont Shasta. Amma contempla un moment le ciel, puis la montagne apparut à l'horizon. Amma fixait intensément un point précis, mais nul ne pouvait dire si c'était dans le ciel ou sur la montagne.

Le Mont Shasta

Quand ils arrivèrent enfin, à dix-huit heures, Amma fut chaleureusement accueillie par un groupe de dévots de la région. Deux heures plus tard, elle montait en voiture pour se rendre dans la ville où devait avoir lieu le programme du soir. Bien des gens étaient venus de San Francisco pour la revoir. Une grande foule l'attendait dans la salle, située juste à côté de la source de l'immense rivière Sacramento, un mince filet d'eau claire et glacée jaillissant du sol, alimenté par la fonte des neiges dans les montagnes environnantes.

Après les *bhajans*, Amma donna le *darshan* à ses enfants. Lorsqu'elle eut embrassé tout le monde, il était trois heures du matin. Malgré le long voyage et tant d'heures consacrées au *darshan*, Amma semblait fraîche comme une fleur nouvellement éclose.

La vie au mont Shasta était simple. Il n'y avait que de petites maisons rustiques, sans électricité. Mais le lieu était calme et tranquille. Les gens qui y vivaient aimaient se tenir à l'écart du bruit et de l'agitation de la vie citadine. Ils préféraient la nature, même s'ils n'avaient que peu de confort.

Le *darshan* du matin se déroula en plein air, sur une colline, avec en arrière-plan la montagne sacrée, dont le profil majestueux dominait la scène, semblant contempler, témoin silencieux, la beauté et la grâce de la Mère universelle qui bénissait ses contre-forts de sa présence. L'air du matin était vif, chargé de l'énergie divine d'Amma. Elle était entourée de ses dévots. La journée commença par une méditation et se poursuivit par le *darshan*. Les heures passées avec elle dans ce paysage magnifique constituèrent pour tous une expérience inoubliable.

Quelques mois plus tôt, les dévots avaient construit un petit temple pour Amma. Ils exprimèrent le désir que le *darshan* du lendemain se déroulât dans le temple. Quand Amma eut donné son accord, les dévots enthousiastes passèrent l'après-midi à nettoyer et à agrandir l'avant de la petite construction, afin que plus de personnes puissent se tenir à l'intérieur.

Le lendemain matin, quand Amma entra dans le temple, les gens frappaient des mains et chantaient *Amma Amma Taye*. Les visages reflétaient clairement la joie intérieure qu'ils éprouvaient.

Amma Amma Taye

Ô Mère,
Mère divine bien-aimée,
Déesse de l'univers
Toi qui nourris toutes les créatures
Tu es la puissance suprême et primordiale.

Tout en ce monde
Est l'effet de Ton jeu divin ;
Protège-moi, Ô Mère.
Sans avoir conçu,
Tu as donné naissance à des millions et des millions d'êtres.

Ô Sœur du dieu Vishnu
Dont la monture est l'oiseau Garuda,
Ô belle Déesse

Depuis que je suis né je chante Tes louanges.
Tu es la Perfection,
La cause primordiale,
La Destructrice.

Ô Mère, Tu es le but de ma vie
Ô Déesse de l'univers, ne m'ignore pas !
Tu es la déesse Lalita, souveraine du monde.
Ô Mère, si Tu me plonges sans cesse dans les difficultés,
Qui d'autre me protègera ?
Ô Mère au regard enchanteur,
Tu es le témoin omniprésent de toute chose.

Ô Mère
Mère divine bien-aimée...

Après la cérémonie habituelle qui consiste à laver les pieds sacrés d'Amma, suivie de l'*arati* et de la méditation, Amma appela les gens pour le *darshan*. Une petite fille se faufila à travers la foule pour rejoindre Amma et lui donner un dessin. Elle avait essayé de faire le portrait d'Amma. Juste en-dessous, elle avait griffonné d'une écriture enfantine : « Je t'aime, Amma. » Amma parut très touchée. Elle prit le dessin, le porta à son visage, et le toucha de son front en signe d'amour et de respect. Elle embrassa la petite fille, la prit dans ses bras, la serra contre elle, et la berça avec beaucoup d'affection.

Quand elle voulut enfin la remettre debout, la petite fille refusa de s'en aller. Entourant de ses bras la taille d'Amma, elle déclara très fort : « Non, je veux rester sur les genoux d'Amma ! » Son innocente déclaration souleva de nombreux rires. Quelqu'un s'exclama : « Oui, c'est ce que nous aimerions tous faire ! » Tout le monde rit de nouveau. Amma, elle aussi, éclata de rire, tandis que la petite fille se pelotonnait, les yeux fermés, dans son giron. Sa mère vint alors et en la cajolant, la persuada de partir.

Seul l'atman est

Un dévot demanda à Amma : « Amma, je t'ai vue porter les offrandes ou les lettres de tes dévots à ton front, comme si tu te prosternais. Tu viens juste de le faire, quand cette petite fille t'a donné son dessin. Qu'est-ce que cela signifie ? »

Amma : « Mes enfants, Amma voit Dieu en tout. Pour Amma, il n'existe rien d'autre que Dieu ou le *Paramatman*. Seul *l'atman* est. Amma voit toute chose comme une partie du Tout, comme un prolongement de son propre Soi. Lorsqu'on perçoit tout comme une partie de soi-même, comment peut-on ignorer quoi que ce soit ? Comment pourrait-on considérer un être vivant ou même un objet inanimé comme insignifiant ? Dans cet état de conscience, le sens de l'altérité n'existe pas : la Conscience imprègne tout.

C'est seulement quand on se perçoit comme une entité séparée qu'il est possible d'ignorer les autres ou de les considérer comme insignifiants, car alors on s'identifie à l'ego, à la colère, à la haine, à la jalousie, à la critique d'autrui et autres qualités négatives. Mais lorsque l'on est uni au Soi, on n'accorde aucune importance aux sentiments mesquins. L'ego devient insignifiant. On demeure constamment dans le Soi, au cœur même de l'existence. C'est parce que nous avons oublié notre véritable Soi, parce que l'ego interfère, que nous éprouvons le sens de l'altérité. Nous n'avons conscience actuellement que de notre petit soi, nous sommes centrés sur nous-mêmes. Il faut croître pour en sortir et nous centrer dans notre nature réelle, *Brahman*, la Conscience absolue.

Un pauvre s'efforce de devenir riche, un obèse de perdre du poids et un malade fera tout son possible pour trouver un remède à son mal. Le problème n'est donc pas le manque de conscience du soi limité. Les gens sont très conscients de leur corps et de leur existence physique. Ce n'est pas la question. Le problème est qu'en même temps, ils ignorent tout de leur Soi intérieur divin. Une fois que vous êtes conscient du Soi infini, vous cessez de vous identifier au petit soi limité.

Les gens ont oublié qui ils sont ; ils sont le centre de toute chose, le centre de la création entière. Au lieu d'en être conscients, ils s'identifient à ce qu'ils ne sont pas.

Vous êtes le centre de tout le spectacle

Amma va vous raconter une histoire. Il y avait quelque part une grande réception. C'était une très belle fête, tout était parfait et les invités s'amusaient beaucoup. Vers minuit, un intrus quelque peu dérangé s'introduisit dans la maison et se joignit à la fête. Il aborda le maître de maison et dit : « Quelle fête ennuyeuse ! Quelle atmosphère suffocante ! » Il continua à dénigrer cette réunion de manière si convaincante que l'hôte finit par être persuadé qu'il avait raison. Il oublia à quel point il s'était amusé jusqu'à présent et crut sincèrement que la réception était affreuse. Il oublia même qu'il était le maître de maison ! Il dit à l'intrus : « Vous avez tout à fait raison. C'est affreux ! Allons donc ailleurs. » « Oui, » répondit l'autre, « Je vais, moi, organiser une soirée magnifique ; ce sera ma fête, et vous serez mon invité. » Il lui promit monts et merveilles. Ils partirent donc et allèrent chez lui. C'était un endroit lugubre, laid, sale et sans vie, et il n'y avait personne. Pourtant le fou, croyant à ses illusions de grandeur, s'efforçait de convaincre son invité que la maison obscure était un magnifique hôtel particulier et qu'ils allaient beaucoup s'amuser. « Cela va bientôt commencer », répétait-il. Mais il ne se passait rien. Au début, l'homme le crut, mais il revint tout à coup à lui. « Attendez un instant ! », s'écria-t-il. « Qu'y a-t-il ? », dit le fou, qui semblait inquiet. « Oh !, non ! », s'exclama l'homme, « Qu'est-ce que je fais ici dans cet endroit horrible ? J'ai oublié que je suis l'hôte de cette merveilleuse réception chez moi ! J'ai oublié combien je m'amusais là-bas. » Ignorant les protestations de son interlocuteur, l'homme sortit et se dépêcha de rentrer chez lui. Ses amis étaient encore là et s'amusaient beaucoup. Ils n'avaient même pas remarqué son absence. Il sourit et se joignit de nouveau à eux.

L'espèce humaine se trouve dans une situation semblable. Les gens ont oublié qui ils sont. Nous sommes destinés à vivre dans notre véritable et merveilleuse demeure, notre foyer, et à jouir de la fête magnifique que constituent la vie et la création. Comme l'hôte de l'histoire, nous sommes en réalité au centre de tout mais nous l'ignorons. Quelque chose est allé de travers. L'ego s'est introduit et nous a plongés dans un état d'oubli complet, d'inconscience. Nous avons oublié que nous sommes au centre d'une fête splendide. Comme des somnambules, nous sommes partis rejoindre l'ego, l'intrus, pour des réjouissances qui n'existent pas.

L'ego vient de l'extérieur. Mais nous, l'hôte, le centre réel de la magnifique réception, autour duquel le jeu de la création se déroule, nous avons oublié notre vrai Soi. Par erreur, nous nous sommes attachés à l'ego, à l'imposteur, nous identifiant à lui et à ses conceptions erronées.

Réveillons-nous de notre torpeur et rappelons-nous que nous sommes l'hôte, le vrai centre de la création. Alors, nous aussi, nous nous exclamerons « Oh ! Mais qu'est-ce que je fais ici ? J'ai oublié que je suis l'hôte de cette réception ! C'est là-bas que se trouve ma demeure ! J'ai complètement oublié à quel point je m'amusais là-bas. » Alors, sans perdre un seul instant, vous vous précipiterez vers votre véritable foyer et demeurerez dans le Soi de béatitude et de joie.

Établi dans le Soi, votre vrai foyer, vous êtes le témoin universel. Tout tourne autour du Soi. Ancré à jamais dans le Soi, vous vous divertissez et appréciez le jeu divin.

Les autres font aussi partie du jeu, mais pour eux c'est le jeu de l'ego. Leur ignorance les met dans les griffes de l'ego. Au lieu de rester témoins du jeu, ils sont pris dans ses rets et s'identifient à lui. Par contre un être éveillé, bien qu'il aime y participer, ne s'identifie jamais au jeu. À ses yeux, c'est le jeu de la conscience infinie. Tous les autres jouent comme des somnambules, dans un état d'oubli complet, mais celui qui a son centre dans *l'atman* est parfaitement éveillé et conscient.

Dans ce jeu infini de la conscience, dont Dieu est le centre, rien n'est insignifiant. Le Divin imprègne tout ; le moindre brin d'herbe, le moindre grain de sable est rempli d'énergie divine. Les êtres éveillés ont donc une attitude de profond respect et d'humilité envers l'ensemble de la création. Car une fois que vous transcendez l'ego, vous n'êtes rien, vous êtes un rien infini rempli de Conscience divine. Lorsque vous vous prosternez sans cesse avec un sentiment d'humilité devant l'ensemble de l'existence, celle-ci s'écoule en vous. Tout fait alors partie de vous, rien n'en est séparé.

Songez à quel point vous vous préoccupez de vous-même. Vous désirez bien manger, posséder la maison de vos rêves, un lit confortable, une belle voiture et vous voulez que personne ne vous fasse de mal ou ne vous insulte. Vous souhaitez être constamment heureux. C'est que vous vous aimez, vous vous souciez de vous-même plus que de toute autre chose. Essayez maintenant d'imaginer ce qui se produira lorsque vous ne ferez qu'un avec tous les êtres et les objets. Vous aimerez, honorerez de manière égale les êtres et les choses, mais ce sentiment aura une profondeur et une puissance infiniment plus grande que l'amour que vous éprouviez pour vous-même. »

Amma se mit à chanter :

Devi jaganmata

Gloire à la Déesse, à la Mère de l'univers
À la Déesse de l'énergie suprême.

Ô Vierge éternelle
Toi qui pratiques des austérités
Sur la rive de la mer bleue à Kanyakumari,
Viens et accorde-moi ta bénédiction !

Ô Mère, Toi dont la vraie nature est Lumière
Et dont la forme merveilleuse
Est faite de sagesse, de vérité, d'énergie et de béatitude !
Aum
Gloire à la Mère de l'univers !

Un bonus au Mont Shasta

Aucun *darshan* n'était prévu le jour suivant. Le matin, Amma devait partir pour San Francisco, et de là prendre l'avion pour le Nouveau Mexique le lendemain matin. Mais elle décida de ne pas perdre la journée et annonça qu'elle donnerait encore un *darshan* au Mont Shasta. Les dévots étaient ravis. La perspective du départ d'Amma les avait attristés.

Ils préparèrent donc une fois encore le petit temple pour le *darshan* d'Amma, qui arriva vers dix heures. Comme il pleuvait, tout le monde se serra dans le temple. Le petit bâtiment fut bien vite plein à craquer.

Le *Devi Bhava*, la nuit précédente, avait été très long ; pourtant Amma semblait aussi fraîche et radieuse que d'ordinaire. Elle passa toute la journée avec les dévots. Amritatma, assis auprès d'elle, était étonné de voir combien Amma donnait d'elle-même, répandant son amour sur chacun. Son être entier était présent dans tout ce qu'elle faisait. À travers chaque parole, chaque regard, chaque caresse et chaque sourire, Amma se prodiguait elle-même. Rien n'était fait de manière incomplète. À tout instant, l'action était totalement accomplie, parfaite. Chaque geste, chaque parole, chaque regard et chaque sourire d'Amma agissait comme un aimant sur les gens. Il était impossible de les faire partir.

Tout au long de la journée, les parents amenèrent leurs enfants auprès d'Amma. Visiblement, ceux-ci l'adoraient. Leur visage rayonnait de joie tandis qu'elle leur manifestait son amour, jouait et plaisantait avec eux.

Amma accordait à chacun beaucoup de temps et d'attention. Certains posaient des questions relevant de la spiritualité, d'autres lui demandaient de bénir leur famille ou de les aider dans leur carrière, d'autres encore espéraient qu'elle les guérirait de leur maladie. Beaucoup fondaient en larmes sur ses genoux.

Comme d'habitude, les chants dévotionnels accompagnaient le *darshan*. Amma chantait parfois un *bhajan* entier en gardant la tête d'un dévot sur ses genoux. Il lui arrivait d'entrer dans une profonde extase. Le temple débordait d'un sentiment extraordinaire de joie et de paix. Amma chanta *Mano buddhya*.

Mano buddhya

Je ne suis ni le mental, ni l'intellect,
Ni l'ego, ni la mémoire,
Je ne suis pas le goût,
Ni l'ouïe, l'odorat ou la vue,
Je ne suis pas la terre,
Ni le feu, l'eau, l'air ou l'éther,
Je suis pure conscience béatitude
Je suis Shiva,
Je suis Shiva

*Je ne suis pas l'action juste ou fausse
Ni le plaisir ou la douleur,
Je ne suis ni le mantra ni les lieux sacrés,
Ni les Védas, ni le rituel,
Je ne suis ni l'acte de manger,
Ni celui qui mange, ni la nourriture
Je suis pure conscience béatitude
Je suis Shiva,
Je suis Shiva*

*Je n'ai ni naissance ni mort
Je n'ai aucune peur,
Je ne fais aucune distinction de caste
Je n'ai ni père ni mère,
Ni ami ni compagnon,
Je n'ai ni guru ni disciple,
Je suis pure conscience béatitude
Je suis Shiva,
Je suis Shiva*

*Je suis sans forme
Il n'y a pas de mouvement dans mon mental
Je suis l'Omniprésent, j'existe en tout lieu
Et je suis pourtant au-delà des sens
Je ne suis ni le salut
Ni rien de ce qui peut être connu
Je suis pure conscience béatitude
Je suis Shiva,
Je suis Shiva*

Un dévot demanda un *mantra*. Amma exauça son désir, puis, à sa demande, donna quelques explications au sujet des *mantras*.

Le mantra

Amma : « Mes enfants, quand Amma vous donne un *mantra*, elle sème en vous la graine de la spiritualité. Elle dépose un peu d'elle-même dans votre cœur. Mais il faut ensuite travailler. Il faut cultiver cette graine en méditant, en priant et en répétant votre *mantra* régulièrement, sans y manquer. Il est indispensable de vous investir complètement.

Le moyen naturel d'obtenir du yaourt consiste à mettre un peu de yaourt dans du lait chaud. Ayant ajouté le germe, vous devez laisser reposer le lait un moment pour qu'il se transforme en yaourt. Amma a ainsi déposé en vous une part d'elle-même. Vous devez maintenant laisser le lait reposer, c'est-à-dire atteindre un état de silence intérieur grâce à la répétition constante de votre *mantra* et à d'autres pratiques spirituelles. Votre être tout entier en sera transformé et vous réaliserez votre nature divine. »

Un jeune homme remarqua :

« Amma, autrefois, les maîtres spirituels soumettaient un disciple potentiel à des épreuves sévères avant de lui donner un *mantra*. Tu ne le fais pas. Pourquoi nous donnes-tu un *mantra* sans examiner tout d'abord notre aptitude spirituelle ? »

Amma sourit et répondit : « Simplement parce qu'Amma vous aime ! Comment une mère pourrait-elle refuser d'aider ses enfants ! Quelle que soit leur incompétence, elle ne peut éprouver envers eux que de la compassion. Vous êtes les enfants d'Amma et elle veut que vous parveniez tous au but ultime. C'est pourquoi elle vous donne un *mantra*. Inutile d'en comprendre la raison ; utilisez simplement le *mantra* en le répétant constamment et il vous mènera à l'état de réalisation.

La force vitale d'un Maître parfait a été sublimée, elle est totalement pure. Un tel être est libre de tout désir. Il ou elle est comme un grand transformateur capable de transmettre aux autres un pouvoir illimité. En recevant l'initiation à un *mantra*, vous recevez une parcelle du pouvoir spirituel du maître. En accomplissant une *sadhana*, vous pouvez devenir cette pure essence elle-même. En d'autres termes, vous devenez comme le Maître, vous vous fondez en lui.

Le *mantra* donné par un *sadguru* vous mènera à l'état du *Paramahamsa*, le cygne suprême[2]. »

Comme Amritatma traduisait en anglais, il fit une erreur en prononçant le mot cygne (*swan*) si bien que l'on entendait le mot cochon (*swine*). Tout le monde se demandait ce qu'Amma pouvait bien vouloir dire. Voyant les visages perplexes, Amritatma répéta plusieurs fois le mot. Les gens demandèrent « *Swine* ? Que voulez-vous dire par *swine* ? » Quelqu'un dit : « Vous ne voulez pas dire un cochon, n'est-ce pas ? » Amritatma dit : « Non, non ! » Finalement, quelqu'un comprit et dit : « Oh ! vous voulez dire *swan* (un cygne) ! »

Lorsque l'on traduisit le malentendu à Amma, elle rit tant que tout son corps en était secoué.

Après cette conversation, presque toutes les personnes présentes voulaient un *mantra* et Amma était prête à satisfaire leur désir. Lorsque chacun eut reçu son *mantra*, elle développa le sujet.

« Pour commencer, psalmodiez le *mantra* doucement, en remuant les lèvres. Puis faites-le mentalement. Ensuite à chaque inspiration, à chaque expiration, répétez le *mantra* jusqu'à ce que cela devienne spontané et continu. Vous finirez par atteindre un état de méditation où le mental devient silencieux, et le *japa* (la répétition du *mantra*) cessera de lui-même. »

Question : « Mais Amma, comment trouverions-nous assez de temps pour répéter le *mantra* ? Nous sommes si occupés. »

---

[2] L'état ultime est représenté symboliquement par un cygne. On dit que le cygne peut extraire le lait d'un mélange de lait et d'eau. Cela représente l'état suprême où il est possible de discerner entre l'atman et le non-atman, entre le Soi éternel d'une part et le corps et le monde extérieur qui changent sans cesse d'autre part.

Amma : « Mes enfants, vous trouverez plus de temps qu'il n'en faut si vous avez la détermination nécessaire et en éprouvez le désir sincère. Soyez patients. Écoutez cette histoire.

Il était une fois un homme d'affaires en proie à beaucoup de soucis et d'inquiétude. Il essaya différentes méthodes pour calmer son mental, mais en vain. Il vit un jour un saint homme assis sous un arbre et décida d'aller lui demander conseil. Il se prosterna devant le maître et dit : « Ô maître révéré, je suis en proie aux soucis. Je n'ai aucune paix intérieure. Je t'en prie, dis-moi ce que je peux faire pour trouver le bonheur. »

Le sage répondit : « Essaye de faire quelques pratiques spirituelles matin et soir. »

« Mais comment trouverai-je le temps ? » s'exclama l'homme d'affaires, qui sortit de sa poche un trousseau de clés qu'il fit danser devant le maître. « Regarde toutes ces clés, chacune d'entre elles correspond à une multitude de responsabilités qui m'incombent ! S'il te plaît, montre-moi un chemin plus facile. »

Le maître répondit : « D'accord, je vais t'initier à un *mantra*. Essaie de le répéter quelques fois par jour, c'est tout. »

« Mais je n'ai même pas le loisir de faire cela ! N'y a-t-il rien de plus facile ? »

« Quelle est la distance entre ton lit et la salle de bains ? » demanda le *mahatma*.

Surpris par cette étrange question, l'homme d'affaires répondit : « Environ douze mètres. »

« Je suis certain que tu n'as pas d'autre travail à faire pendant que tu parcours cette courte distance. Essaie donc de répéter ton *mantra* au moins pendant ces quelques secondes chaque matin. » Et le *mahatma* lui donna le *mantra*.

Le lendemain, au réveil, l'homme d'affaires n'oublia pas de chanter le *mantra* en allant à la salle de bains. Puis, comme il se brossait les dents, il pensa : « Je peux aussi répéter le *mantra* maintenant. » Et il s'aperçut qu'il pouvait le faire aussi en prenant sa douche, en s'habillant et en allant travailler. Plusieurs fois au cours de la journée, il vit qu'il pouvait le psalmodier au moins quelques fois. Les jours passèrent, et il trouva de plus en plus de temps pour sa pratique, jusqu'à ce qu'il prenne l'habitude de la poursuivre partout, quoi qu'il fasse. Cela provoqua en lui un changement profond. Il trouva la paix intérieure qu'il recherchait et ses affaires s'améliorèrent aussi grandement.

Certaines personnes veulent connaître la signification du *mantra*. Mais lorsque vous prenez l'avion, est-il nécessaire de savoir de quel métal est faite la coque, comment fonctionnent les instruments, ou bien qui est le pilote ? Vous n'avez pas besoin de connaître tous ces détails. En répétant simplement le *mantra*, vous parviendrez au but.

Le but ultime de la vie est la réalisation du Soi. Sachant cela, nous devrions prendre conscience de la nature éphémère de ce monde et répéter notre *mantra* dès que cela nous est possible avec détermination, une foi solide et une concentration parfaite.

Nous nous efforçons de traverser l'océan de la transmigration, le cycle des morts et des renaissances. Le *mantra* est la rame de notre bateau. C'est l'instrument que nous employons pour traverser le *samsara* du mental toujours agité par les vagues sans fin de ses pensées. On peut aussi comparer le *mantra* à une échelle dont on gravit les échelons pour atteindre les hauteurs de la réalisation.

Il est possible de psalmodier le *mantra* partout, à tout moment. Vous devriez le faire sans cesse, même lorsque vous allez aux toilettes. Si vous le répétez constamment, en visualisant la divinité qu'il représente, vous acquerrez peu à peu les qualités de cette divinité. »

Question : « Amma, est-il juste de visualiser ta forme ? »

Amma : « Tu peux le faire si tu le désires. Amma serait heureuse si des centaines de gens devenaient comme elle, car ainsi elle pourrait servir beaucoup plus de gens dans le monde. »

Toutes vos pensées passent à travers moi

Il était tard dans l'après-midi, Amritatma était épuisé et commençait à s'impatienter. Toute la journée, sans une seule pause, il avait traduit les réponses d'Amma aux questions qu'on lui posait et il s'occupait aussi d'expliquer la pratique du *mantra* à ceux qui en recevaient un. Mais Amma ne montrait aucun signe de fatigue. Elle souriait joyeusement, rayonnant d'un amour et d'une énergie inépuisables. Amritatma avait envie de lui dire : « Amma, ça suffit ! Il est quatre heures de l'après-midi. Pourquoi ne peux-tu pas t'arrêter ? » Au moment où cette pensée lui venait, Amma se tourna vers lui et dit : « Comment Amma pourrait-elle arrêter quand ses enfants l'appellent à l'aide en pleurant ? Fils, tu devrais t'abandonner et accepter, car c'est seulement ainsi que l'on trouve la vraie joie. »

Amma regarda un moment Amritatma et lui dit : « Fils, chaque pensée de mes enfants passe à travers moi. »

À dix-sept heures, Amma termina enfin de donner le *darshan* et se leva. Mais avant de partir, elle resta encore un moment dans le temple pour bavarder avec les dévots. Ils étaient remplis de gratitude envers Amma pour sa compassion.

À dix-sept heures quinze, Amma partit enfin. En marchant vers le minibus, elle chantait :

Shiva Shiva Hara Hara

Ô Toi qui es favorable,
Destructeur de l'irréel
Vêtu de nuages,

Dieu de Beauté
Qui joue du petit tambour damaru

Tu tiens en Tes mains un trident
Toi qui délivres de la peur et accordes des faveurs
Toi aux cheveux emmêlés et aux membres couverts de cendres,

Toi qui es paré d'une guirlande de cobras
Et d'un collier de crânes humains
Toi dont la pleine lune orne le front
Et dont les yeux sont remplis de compassion.
Ô Toi qui es favorable
Toi le Destructeur
Grand Dieu.

Lorsqu'Amma monta dans le minibus, une grappe humaine se forma aussitôt car chacun voulait l'apercevoir une dernière fois avant son départ. Lorsque le véhicule s'éloigna, il pleuvait encore. La pluie était tombée toute la journée, non pas grise et morne, mais une pluie riante qui dansait sur le sol, comme si la nature reflétait l'atmosphère de joie et de fête autour d'Amma. Elle imitait, joueuse, le flot de sa grâce, par une averse ininterrompue de gouttelettes brillantes.

Santa Fé

Le 4 juin, Amma arriva au Nouveau Mexique, où elle allait passer près de deux semaines à Santa Fé et dans la ville voisine de Taos, donnant chaque jour le *darshan*. À Santa Fé, Amma logeait chez Steve et Cathy Schmidt, qui habitaient à la campagne, à la lisière de la ville. Elle recevait les gens dans leur salle à manger. La foule était peu nombreuse, pourtant Amma consacrait de nombreuses heures au *darshan*.

Comment guérir les blessures du passé

Un jeune homme s'approcha d'Amma et lui demanda : « Amma, beaucoup d'Occidentaux ont été blessés et trompés par certains *gurus* venus en Occident. Au nom de la spiritualité et du principe essentiel de l'abandon de soi, ils ont abusé les hommes et les femmes venus sincèrement chercher les conseils d'un maître. Ils les ont exploités sur les plans financier, sexuel et émotionnel. À la suite de ces événements, beaucoup d'entre eux ont perdu la foi qu'ils avaient en la spiritualité et dans les maîtres. Amma, comment ces personnes peuvent-elles surmonter cette perte de foi, vaincre leur peur et leurs soupçons ? Comment leur foi en un *guru* pourrait-elle être rallumée ? »

Amma : « Seule la présence d'un *sadguru* (d'un maître réalisé) peut guérir les profondes blessures du cœur faites par un faux *guru*. Même si un soi-disant *guru* vous a offensé ou lésé de bien des manières, ne perdez ni la foi ni l'espoir. Amma peut vous assurer que le temps et l'énergie que vous avez consacrés à la *sadhana* n'ont pas été perdus. Le pouvoir que vous avez acquis grâce à vos pratiques spirituelles est toujours là, car contrairement aux gains matériels, ce que vous avez obtenu grâce à la *sadhana* ne peut être perdu.

Les sentiments blessés enfouis profondément en vous se manifestent sous forme de colère, de haine, d'angoisse et de culpabilité. Si vos blessures intérieures ne sont pas guéries, ces tendances négatives ne feront que s'accumuler et croître.

De nombreux chercheurs spirituels sincères ont malheureusement été profondément blessés par de soi-disant *gurus*. Amma comprend à quel point il doit être difficile pour un *sadhak* qui a été meurtri et trompé de faire confiance à qui que ce soit. Mais la défiance totale n'est pas une solution. Cela rend beaucoup trop négatif et augmente les craintes et l'angoisse. Si un chercheur blessé rencontre un *sadguru*, un être vraiment réalisé, la simple présence, le contact, le regard et les paroles de cet être guériront les plaies intérieures, si profondes soient-elles.

Mes enfants, beaucoup d'entre vous portent de profondes blessures intérieures. Il y a énormément de douleur en vous. Ces lésions et cette souffrance donnent aux autres le pouvoir de vous meurtrir de nouveau, indéfiniment. Ni les paroles ni le savoir intellectuel ne sauraient vous guérir. Mais l'amour inconditionnel et la compassion qui émanent du Maître parfait en ont le pouvoir et ils vous insuffleront la force nécessaire pour que plus personne ne puisse jamais vous blesser. Aucun traumatisme psychologique ne vous rendra plus vulnérable, personne ni aucune situation ne pourra plus vous nuire.

Toutefois, avant de devenir invulnérable aux circonstances, vous devez travailler à vous libérer de la douleur accumulée et des sentiments blessés. Vous ne pouvez toutefois pas le faire seul. Vous êtes en quelque sorte un malade qui ne dispose pas des connaissances nécessaires pour comprendre sa maladie et la traiter. Il vous faut un médecin compétent, capable de pénétrer profondément dans votre mental, de voir clairement vos problèmes et d'y remédier. Un être doté d'une vision ordinaire en est incapable, seul un *sadguru*, dont l'œil intérieur est ouvert, peut vous guérir.

Si vous avez le sentiment que vous ne pourrez plus jamais faire confiance à quelqu'un, à cause des traumatismes qu'un faux *guru* vous a infligés dans le passé, qui donc y perdra ? Certes pas le vrai Maître, qui est prêt à vous aider. Que vous vous abandonniez à lui ou pas ne change rien pour lui. Établi dans la plénitude absolue, le *sadguru* n'a rien à perdre ni à gagner. Il n'a besoin des louanges ni de l'adoration de personne. Il ne désire pas la gloire, il n'a pas besoin de disciples. Le Maître est le plus riche de tous les êtres, l'univers entier est contenu en lui. Il en est le Maître. Sa seule présence crée dans la vie du disciple une succession de circonstances qui l'amènent à se transformer. Cela n'implique aucune contrainte, et le Maître ne revendique rien. Si vous lui faites confiance, vous en retirerez un grand bien. Si vous ne lui faites pas confiance, vous resterez simplement tel que vous êtes.

Imaginez que vous passiez près d'un jardin foisonnant de fleurs merveilleuses. Vous les regardez et vous avez un aperçu de leur beauté et de leur parfum. Mais au lieu de vous arrêter pour jouir de cette splendeur, vous passez votre chemin en l'ignorant. Qui y perd ? Les fleurs n'ont rien à perdre ni à gagner. C'est vous qui avez manqué un moment qui aurait pu être précieux. Que vous sachiez ou non les apprécier, les fleurs continuent à manifester leur beauté. Elles font au monde l'offrande d'elles-mêmes, sans le moindre désir de gloire ou d'adoration. »

La foi en tant que telle demeure

« Tu demandes comment raviver la foi de ceux qui l'ont perdue à la suite d'expériences amères avec d'autres *gurus*. Mes enfants, il est impossible de perdre complètement la foi. Votre confiance en quelqu'un ou en quelque chose peut se briser, mais la foi en tant que telle demeure.

La plupart des gens, même après avoir vécu des traumatismes aussi graves, décident de reprendre leur vie. Ils ont peut-être perdu leur foi en la spiritualité et dans les maîtres spirituels, mais ils ont gardé foi en la vie. Après tout, on peut constater qu'ils mènent une existence normale ; ils travaillent et beaucoup d'entre eux ont même une famille. Ils croient donc encore en beaucoup de choses.

Très peu de gens pensent que la spiritualité constitue une part importante de la vie. Un plus petit nombre encore la considère comme une manière de vivre, l'essence même de la vie. Les expériences traumatisantes auxquelles tu te réfères dans ta question constitueraient un coup terrible pour n'importe qui. Certains chercheurs ont toutefois la force mentale, le courage et l'intelligence spirituelle nécessaires pour surmonter le choc initial et leur déception. Ils comprennent que le faux *guru* n'est pas un vrai Maître et qu'ils ont commis une erreur regrettable en lui faisant confiance. Après une expérience aussi désespérante, le véritable chercheur aura assez de perspicacité spirituelle pour comprendre ce qui s'est passé. Il quittera aussitôt le faux *guru* pour se mettre en quête d'un Maître parfait, capable de le conduire à la réalisation du Soi.

Un tel aspirant trouvera sans nul doute un Maître, ou plutôt, c'est le Maître qui viendra à lui et surgira dans sa vie, sans qu'il ait besoin d'entreprendre une quête. La sincérité du disciple et la force de son désir suffiront à provoquer la rencontre. C'est inéluctable.

Pour le chercheur sincère, la spiritualité n'est pas un aspect mineur de la vie. Elle est pour ainsi dire son propre souffle. Sa foi est inébranlable. Rien ne peut détruire sa certitude qu'il est possible de trouver Dieu ni sa foi en les grands maîtres établis dans cet état de Conscience divine.

Même ceux qui ont été dupés par un faux *guru* et réagissent en se détournant de la voie spirituelle n'ont pas complètement perdu la foi. La soif de connaître Dieu et d'être auprès d'un vrai Maître existe toujours au plus profond d'eux-mêmes. Elle restera peut-être enfouie pour un temps, mais refera surface le moment venu. Ils entendront sans doute parler d'un *sadguru*, verront sa photo ou bien ils rencontreront un être réalisé. Dans cette vie ou dans une autre, ils ont connu la béatitude divine et le souvenir de cette expérience demeure en eux, prêt à resurgir le moment venu.

Si vous perdez la foi dans les maîtres spirituels, c'est que vous ne croyez pas que la spiritualité soit nécessaire, qu'elle constitue une part indispensable de la vie. Vous pensez qu'il est possible de vivre sans elle. C'est, bien sûr, possible dans une certaine mesure, mais votre vie sera alors dépourvue de charme, de richesse, de joie et de sens réel.

Imaginez que vous subissiez une grosse perte dans vos affaires. Abandonnerez-vous tout espoir pour rester les bras croisés jusqu'à la fin de vos jours ? Non, vous essaierez de réparer les dégâts en adoptant des méthodes plus efficaces. Vous surmonterez votre déception initiale pour recommencer. Il le faut bien, car c'est une question de survie, un besoin très réel. Ayant retrouvé la foi, vous reprendrez votre travail. On peut se demander pourquoi les gens n'ont pas la même attitude envers la spiritualité et les maîtres spirituels, pourquoi ils n'éprouvent pas le besoin de continuer leur quête s'ils ont affronté une déception en chemin. La réponse, c'est qu'ils ne considèrent pas la spiritualité comme une nécessité vitale. Ils pensent qu'il est possible de vivre sans cette foi dans les principes spirituels et que cela ne leur posera pas de problème sérieux.

Il se peut que vous ayez cru à la spiritualité et fait confiance à quelqu'un, pensant qu'il s'agissait d'un vrai Maître. Malheureusement, vous avez vécu de mauvaises expériences qui vous ont fait perdre la foi. Ce chapitre de votre vie semble clos à jamais. Mais votre foi n'est pas morte. Une parcelle subsiste encore. Tôt ou tard, à partir de ce germe toujours vivant, la pousse de la spiritualité se développera à nouveau. Mais cette renaissance ne se produira que si vous rencontrez un *sadguru*. Il ravivera la flamme de votre foi et guérira les blessures et les souffrances engendrées par les épreuves passées.

Mes enfants, si votre foi en Dieu et dans la spiritualité est sincère et innocente au départ, elle revivra, quoi que vous ayez traversé.

Amma connaît bien des gens ayant vécu des expériences amères avec de faux *gurus*. Leur foi a été ébranlée dans ses fondations, mais ils l'ont retrouvée et ont l'enthousiasme nécessaire pour continuer leur *sadhana*. Elle sait que tel est le cas de beaucoup d'entre vous. Mes enfants, la foi en Dieu et en un *sadguru* est la seule voie qui mène au vrai bonheur et à la plénitude, qui puisse transformer votre vie en une fête ininterrompue.

Si vous y réfléchissez, croire que tous les maîtres spirituels sont faux à cause de l'expérience négative vécue avec une seule personne est une forme de préjugé. Imaginez que vous alliez dans une bibliothèque et que vous preniez un livre au hasard sur une étagère. Il se trouve que c'est un roman de bas étage. Vous réagissez en quittant la bibliothèque, vous exclamant intérieurement : « Oh non ! Cette bibliothèque ne contient que de mauvais livres ! » Elle contient peut-être beaucoup de bons livres, mais votre jugement hâtif vous a empêché de les découvrir et d'en profiter.

Ou bien vous entrez dans une boutique sur la place du marché. Vous voulez acheter du lait, mais par erreur vous êtes entré chez un marchand d'alcool. Vous reprenez immédiatement la voiture et partez en songeant : « C'est affreux ! Il n'y a que des débits de boisson sur cette place ! » Cette réaction ne serait-elle pas stupide ? Ne soyez pas trop prompts à juger ou à tirer des conclusions. Restez calme et patient. Utilisez votre discernement et restez ouvert. Sinon vous manquerez de nombreuses occasions, de nombreuses expériences précieuses. »

Un sadguru est au-delà de toutes les vasanas

Il y eut un court silence méditatif. Puis quelqu'un posa une autre question.

« Amma, comment un maître spirituel, qui est supposé avoir transcendé toutes les *vasanas* (les désirs et les tendances) peut-il éprouver des désirs sexuels ? »

Amma : « Un véritable Maître est au-delà du mental et de l'ego. Chez un tel être, toute l'énergie sexuelle a été transformée en pure *ojas* (énergie vitale) qu'il utilise pour le bien ultime du monde. Un *sadguru* est quelqu'un qui est passé du centre sexuel, le plus bas de l'existence, à *satchitananda*, le centre le plus élevé.

Tous les désirs existent dans le mental. Une fois que celui-ci est dissout, il ne peut plus être question d'éprouver aucun désir.

Dans cet état, il n'y a plus trace de désir. Les soi-disant *gurus* qui abusent de leurs disciples, sexuellement ou autrement, ou qui essaient d'imposer leurs idées à d'autres, ne sont pas de vrais maîtres, loin de là. Ils s'identifient encore fortement à leur mental et à leurs désirs. Un Maître véritable aide ses disciples à surmonter leurs *vasanas*. Son but est de les aider à se détacher des plaisirs transitoires et des objets du monde. Le Maître enseigne au disciple, dont le bonheur dépendait jusqu'alors des objets du monde, à être *indépendant*, à trouver le bonheur et la plénitude dans son propre Soi. Mais pour pouvoir guider le disciple de la servitude à la liberté, il faut que le maître soit lui-même parfaitement libre de toute *vasana*. Il doit être libre de l'identification au mental et à ses désirs. Comment pourrait-il élever le disciple si lui-même est encore enchaîné au mental, avec ses caprices et ses chimères ?

Un *sadguru* vit dans le monde avec l'intention désintéressée de guider les autres hors des ténèbres. En paroles et en actes, il donne sans cesse l'exemple à ses disciples et à ses dévots. Il est le témoignage vivant de toutes les Écritures sacrées du monde. Un tel Maître est l'incarnation de toutes les qualités divines telles que l'amour, la pureté, le sacrifice de soi, la patience et le pardon. Les grands Maîtres du passé nous ont clairement décrit ce que doit être un vrai Maître et quelles sont ses qualités. Il est donc possible d'écarter le doute, d'éviter de se laisser tromper. »

Une fois acquis, le pouvoir spirituel demeure

Question : « Amma, tu as dit que nous ne perdons jamais le pouvoir spirituel acquis grâce à la *sadhana*, qu'il reste toujours en nous. Mais qu'en est-il d'un *sadhak* qui quitte la voie ? S'il cesse par exemple tout à coup de pratiquer la chasteté, ou s'il explose de colère, ne perd-il pas l'énergie accumulée ? »

Amma : « Mes enfants, quand une telle chose arrive, ne croyez pas que vous perdez tout le pouvoir spirituel que vous avez obtenu en travaillant durement. Mais vous créez un obstacle puissant qui vous empêchera de progresser spirituellement. Cela ajoute encore à vos *vasanas*.

Le but de la *sadhana* est de réduire les *vasanas* sans rien y ajouter. Si vous vous mettez en colère, cela ne détruit pas le pouvoir que vous avez accumulé grâce à votre *sadhana*. Mais cela ne fait qu'ajouter à vos tendances négatives. En créant plus de négativité, vous rallongez votre voyage vers la réalisation du Soi, car un effort supplémentaire est alors nécessaire.

Mes enfants, inutile de perdre la foi ou d'être déçus. L'énergie spirituelle que vous avez acquise grâce à la *sadhana* demeure en vous. Ni vos efforts ni le fruit de vos actions ne peuvent être détruits. Si vous faites une seule seconde de *sadhana*, ce mérite demeure toujours, et vous n'avez plus qu'à faire le reste. Ne perdez donc jamais ni l'espoir, ni la foi, ni votre enthousiasme.

Dans la vie profane, deux types de malheurs peuvent se produire : la destruction complète, ou bien un résultat opposé à ce que vous attendiez. Dans le premier cas, supposez que vous ayez cultivé un champ de riz. Vous avez travaillé dur et fait tout ce qu'il fallait pour obtenir une bonne récolte. Les plants sont en bonne santé et vous attendez une riche moisson. Mais la veille de la récolte, un orage terrible éclate et la moisson entière est détruite. Il faut recommencer à semer et à cultiver.

Dans le second cas, vous avez inscrit votre fils à l'université. Vous attendez de lui qu'il travaille dur, qu'il obtienne d'excellentes notes et réussisse avec une bonne mention. Mais il a de mauvaises fréquentations qui ruinent vos espoirs. Il ne se présente même pas aux examens et il est finalement renvoyé. Il gâche ainsi sa vie. Les choses peuvent donc évoluer d'une manière tout à fait contraire à vos espérances. Mais ce n'est pas le cas dans le domaine spirituel. Si vous avez accompli une seule minute de *sadhana*, le pouvoir ainsi gagné demeure ; il est indestructible. Cette minute restera engrangée en vous sans jamais se perdre ni se dissoudre, même au bout de plusieurs vies. Contrairement à l'effort que vous fournissez pour atteindre des buts matériels ou profanes, la *sadhana* spirituelle n'est jamais effectuée en vain. Vos actions porteront leurs fruits.

Si vous pensez à Dieu ou si vous faites votre *sadhana* une seule seconde, cela n'est jamais perdu. Le mérite reste présent en vous et il croît, comme une graine non germée, encore fraîche et vivante. Si vous avez appelé Dieu avec une foi authentique, vous abandonnant à Lui fût-ce une seule seconde, vous en recevrez le mérite. Les moments où vous avez songé à Dieu resteront en vous et se manifesteront le temps venu.

Mes enfants, restez dans le car jusqu'à ce que vous soyez parvenus à destination. Vous verrez peut-être en route des paysages magnifiques qui vous tenteront. Jouissez-en si vous le désirez, mais sans pour autant descendre du car. N'oubliez jamais votre but. Une fois celui-ci atteint, vous pouvez abandonner le véhicule, car alors votre moyen de transport (la foi ou la religion) est devenu inutile, vous l'avez transcendé. Une fois parvenu à l'état de transcendance, vous pouvez revenir si vous le souhaitez et rester dans le monde pour guider les autres. Mais vous n'avez pas besoin de revenir ; vous pouvez simplement vous dissoudre dans l'infini. »

À Taos, Amma logea chez une femme qui avait un Labrador noir et deux perroquets. Amma aimait jouer avec le chien. Comme toutes les créatures, le chien était très attiré par Amma et alla vers elle dès qu'il la vit. Amma lançait un bâton dans le jardin et le chien se précipitait pour le rapporter en agitant la queue de toutes ses forces. Il obtenait en récompense le rire délicieux d'Amma et une caresse affectueuse.

Les deux perroquets vivaient dehors dans une cage, à l'entrée de la maison. Chaque fois qu'Amma rentrait du *darshan*, elle s'arrêtait devant la cage et parlait aux oiseaux tout en leur donnant une poignée de cacahuètes à manger. Amma les regardait avec beaucoup de compassion et leur disait : « Je sais combien vous devez souffrir d'être dans cette cage, combien vous désirez être libres et voler dans le ciel, là où est votre place. »

Il était insupportable pour Amma de voir des oiseaux en cage. Un jour, alors qu'Amma était en visite à La Réunion, Swami Premananda, originaire de l'île et responsable de l'ashram, lui montra fièrement une petite volière remplie de tourtereaux qui avait été donnée à l'ashram. Mais au lieu de se réjouir du cadeau, Amma eut le cœur brisé de voir les petites créatures prisonnières de la volière, voletant d'un bout à l'autre. Elle déclara à Swami Premananda que personne, dans aucun de ses ashrams, ne devrait jamais posséder d'oiseaux en cage. Elle dit : « Mon fils, un *sannyasi* est censé éprouver une grande empathie envers toutes les créatures. Il devrait ressentir la souffrance et les peines non seulement des êtres humains, mais aussi des animaux, des oiseaux, des plantes et de toutes choses dans la création. Ces petits oiseaux souffrent. Leur place est dans leur environnement naturel. Nous leur avons ôté la liberté, qui leur est si précieuse. »

Comprenant son erreur, Swami Premananda demanda pardon à Amma, et quelques jours plus tard, il donna les oiseaux.

Boulder

Occupez-vous du présent, non du passé

Un homme demanda à Amma : « Peux-tu me parler de ma vie passée ? »

Amma lui tapota affectueusement le dos et dit : « C'est le présent qu'il faut résoudre, non le passé. Ce qui se passe maintenant est beaucoup plus important que ce qui s'est produit dans le passé. C'est en étant attentif au moment présent que tes questions et tes problèmes se résoudront. Il est inutile de regarder en arrière et de chercher dans tes vies passées. Cela n'a aucune importance. Tout, dans ta vie actuelle, est le résultat du passé. Occupe-toi du présent ; fais le meilleur usage de chaque instant et tout ira bien.

Tu portes déjà une lourde charge. Tu dois te délivrer d'un énorme poids. En découvrant tes vies passées, tu ne feras qu'ajouter à ton fardeau. Amma pourrait te dire qui tu étais, mais elle ne le fera pas, car cela ne ferait que te nuire, sans être d'aucune utilité. Amma ne dira ou ne fera jamais rien qui puisse faire du mal à ses enfants. Son dessein est de vous aider à grandir et à vous ouvrir, non à vous fermer.

Imagine qu'Amma te dévoile ton passé : qui tu étais, ce que tu faisais, etc. Et si tu découvrais que certaines personnes que tu côtoies maintenant ou un être proche t'ont fait du mal dans une vie antérieure ? Cela engendrerait dans ton mental une agitation inutile.

Il se peut que quelqu'un découvre que son mari ou sa femme l'a profondément blessé dans le passé. Ou bien encore qu'il haïssait profondément quelqu'un qu'il aime beaucoup maintenant. Pourquoi faire remonter de tels souvenirs ? Ce serait uniquement destructeur. Bien qu'Amma sache tout de vos vies antérieures, elle préfère ne pas le dévoiler. Vous êtes venus auprès d'Amma pour guérir les blessures du passé, non pour en créer de nouvelles. La seule intention du *guru* est de vous extraire du marécage du passé, non de vous y enfoncer. Le passé est la cause de votre peine. Le Maître veille à ce que vous ne sombriez pas de nouveau dans la souffrance. Il veut vous emmener au-delà de toute douleur.

Amma connaît une femme à qui un voyant a révélé qu'elle avait provoqué la mort de son mari dans une vie antérieure en se trompant de médicament, ce qui l'avait tué sur le coup. Cette révélation la fit terriblement souffrir ; elle finit par faire une dépression nerveuse. Si tel est l'effet que le passé peut avoir sur nous, pourquoi chercher à le connaître ? Bien sûr, le passé contient aussi de nombreux événements heureux, mais les gens ont tendance à ruminer les malheurs et les peines plutôt que les moments de bonheur.

Pour qu'un être humain se transforme et transcende ses limites et ses imperfections, son passé doit mourir. Tout le monde en est capable, à condition d'avoir la détermination nécessaire. Oubliez ce que vous avez pu être ou faire dans le passé. Concentrez-vous sur ce que vous aimeriez être. Puis, en faisant le nécessaire pour atteindre le but, lâchez aussi le futur. Peu importe qui vous avez été. On peut comparer le passé à un cimetière. Et il serait peu sage de vivre dans un tel endroit, n'est-ce pas ? Oubliez le passé. Lorsque c'est vraiment nécessaire, souvenez-vous en, mais ne vous y installez pas.

L'histoire de Valmiki, le premier poète, qui écrivit la grande épopée du *Srimad Ramayana*, est un exemple magistral de la manière de mourir au passé, si mauvaises qu'aient pu être nos actions.

Ratnakaran était un brigand qui faisait vivre sa femme et ses trois enfants en dévalisant les voyageurs qui traversaient la forêt où il vivait. C'était un homme cruel, qui ne songeait jamais à Dieu, à la morale ou à l'éthique.

Un jour, les sept *rishis* (grands sages) passèrent par cette forêt. Comme d'habitude, Ratnakaran surgit devant les voyageurs en brandissant son couteau et menaça de les tuer s'ils ne lui donnaient pas leurs biens. Les *rishis,* qui avaient réalisé *l'atman* immortel et étaient à jamais établis dans la Vérité suprême, ne s'inquiétèrent pas des menaces du voleur et restèrent parfaitement sereins. Ils lui dirent : « Nous n'avons pas peur de la mort. Nous allons te donner tout ce que nous avons, mais avant, nous aimerions que tu répondes à une seule question. »

Ratnakaran accepta leur requête. Les sages lui demandèrent de leur dire pour qui il commettait toutes ces horribles actions.

« Pour ma femme et mes enfants », répondit-il. Ils lui demandèrent alors : « Ta femme et tes enfants sont-ils prêts à prendre sur eux leur part de tes péchés ? » Ratnakaran ne sut que répondre. Il décida d'aller interroger sa femme et ses enfants. Les *rishis* lui donnèrent leur parole qu'ils ne bougeraient pas avant son retour. Le brigand se hâta donc de rentrer chez lui. Il demanda à sa femme si elle était prête à partager les conséquences des mauvaises actions qu'il commettait pour la faire vivre. Elle répondit : « Non ! Toi seul devras endurer les fruits de tes actes ! » Ratnakaran se tourna vers ses enfants, espérant qu'eux au moins auraient de la sympathie pour lui. Mais ils refusèrent tous de prendre sur eux une part de ses péchés. Ratnakaran en fut profondément choqué. Il courut retrouver les *rishis*, qui l'avaient patiemment attendu, et tomba à leurs pieds en leur demandant pardon. Il s'abandonna complètement à eux. Avec beaucoup de compassion, ils le conseillèrent, lui donnèrent un *mantra* et lui préconisèrent de se livrer à des austérités (*tapas*) jusqu'à ce qu'il ait réalisé Dieu. Ratnakaran s'assit à l'endroit même où il se trouvait, dans la forêt, et immobile comme un roc, il se plongea en méditation. Il resta ainsi pendant des années et se livra à de sévères austérités. Un jour, les *rishis* passèrent de nouveau par cette forêt ; ils se rappelèrent leur rencontre avec Ratnakaran. Ils sentirent dans l'atmosphère une merveilleuse sérénité. Ils découvrirent Ratnakaran absorbé dans une profonde méditation, complètement recouvert par une termitière. Il s'était livré à d'intenses austérités et avait atteint la réalisation.

Les *rishis* l'éveillèrent de son état d'absorption et lui enjoignirent d'aller dans le monde et de le sanctifier par sa présence, ses paroles et ses actions. Ils lui donnèrent le nom de Valmiki car, en sanscrit, le mot *valmikam* désigne une termitière.

Cette histoire nous montre qu'il est possible de se libérer du passé, de le laisser derrière soi pour accéder à un plan de conscience totalement différent. Le passé se situe dans le mental, il appartient au monde des pensées et des actions. Du niveau mental, il est possible de s'élever vers le niveau ultime, celui de la Vérité, à condition de posséder la détermination et le détachement nécessaires. Au-delà du monde de la pensée, on accède à un état sans pensée. Et au lieu d'agir, on est libre de toute action. On passe à un état qui transcende le mental. On peut ensuite choisir, par compassion, de continuer à vivre dans le monde pour bénir les autres créatures et pour leur bien.

La réponse négative de sa femme et de ses enfants suffit à transformer la vie de Ratnakaran, le brigand. Mais plus que tout, la grâce et la bénédiction des *rishis* lui permirent de comprendre que la vie qu'il menait était vide de sens et reposait sur une erreur. Cela le fit accéder à un niveau de compréhension différent. Leur grâce créa les circonstances parfaites pour lui permettre de s'abandonner.

Ce bref moment suffit à transformer radicalement sa vision de la vie. Il comprit à quel point les relations humaines sont dépourvues de sens, et le caractère superficiel du soi-disant amour profane. Il va sans dire qu'il n'est pas juste de vivre de brigandage, mais il avait néanmoins travaillé dur, jour et nuit, risquant sa vie pour sa famille. Quand il vit que tous le rejetaient sans merci, songeant seulement à eux-mêmes, sans éprouver pour lui la moindre sympathie, il eut la révélation d'un autre monde. Lorsque ce monde s'ouvrit devant lui, il put déposer son fardeau de peurs, d'inquiétudes et d'attachements. Il avait cru jusqu'alors que les membres de sa famille l'aimaient, qu'ils le soutiendraient en toutes circonstances. Puis il les entendit répondre que « non », qu'au moment crucial, ils se détourneraient de lui. Ce « non » fut une forme de traitement de choc qui ouvrit une nouvelle porte de la conscience, à travers laquelle il vit soudain la vie de manière totalement différente. Cette nouvelle compréhension l'aida à se soumettre à Dieu, à lâcher son mental, son passé, et à être en paix.

Son terrible passé avait disparu et un homme nouveau était né. L'homme cruel et limité était mort et une âme nouvelle était née, pleine de compassion.

Tout être peut ainsi être transformé. La voie de la spiritualité n'est pas réservée à quelques élus, elle est ouverte à tous. Mais les deux facteurs essentiels sont la grâce et le fait d'être prêt à s'abandonner. Lorsque ces deux facteurs sont réunis, une transformation se produit, le passé et le futur disparaissent, et vous êtes totalement présent dans le cœur, établi dans le Soi. »

Amma chanta :

Krishna Krishna Radha Krishna

Krishna Krishna Radha Krishna
Govinda Gopala Venu Krishna
Mohana Krishna Madhusudana Krishna
Mana Mohana Krishna Madhusudana Krishna
Murare Krishna Mukunda Krishna

Comment reconnaître un vrai Maître

Amma donnait le *darshan* sous la coupole ronde de la fondation Lama, dans les montagnes qui surplombent Taos. Un dévot dans les bras, plongée dans la béatitude, elle chantait *He GiridharaGopala*. Tous reprirent le chant en chœur avec une grande dévotion.

He Giridhara Gopala

Ô Giridhara
Toi qui protèges les troupeaux
Bien-aimé de Lakshmi
Toi qui as tué le démon Mura
Ô doux enfant
Enchanteur du mental

Ô fils de Nanda
À la forme magnifique
Toi qui t'amuses à Vrindavan
Petit joueur de flûte
Ô Protecteur des sages

Ô Giridhara
Toi qui portes le joyau Kaustubha
Et un collier de perles
Tu joues dans le cœur de Radha
Et Tu élèves les dévots.
Ô Enfant Krishna

Ô Protecteur des pâtres
Compagnon de jeu des Gopis
Qui soulève la montagne Govardhana
Ô Fils de Nanda
Petit voleur de beurre.

Quelqu'un se mit à parler de l'illusion qui règne dans le monde actuel et fausse la vision des gens. Amma l'écouta patiemment, puis elle dit : « Oui, mon fils, c'est juste. Dans notre société moderne, les gens sont presque aveugles. Ils ne voient les choses que de l'extérieur, ils ont perdu leur lucidité. Leur façon de voir et d'évaluer les choses est très superficielle. Ils ne les perçoivent pas telles qu'elles sont réellement. Nous vivons dans une société dont le niveau de conscience est très bas, elle est à moitié endormie.

Amma a entendu l'histoire suivante : un homme entre un jour dans une boutique de cadeaux, en quête d'un objet exceptionnel. En flânant dans le magasin, il a la surprise de voir un crâne humain dans une vitrine. Le prix l'étonne encore plus : 25 000 dollars. Mais quand il voit dans la vitrine adjacente un autre crâne dont l'étiquette dit : 50 000 dollars, il n'en croit pas ses yeux. Pris d'une grande curiosité, il demande au marchand pourquoi les crânes sont si chers. Celui-ci répond : « Monsieur, le crâne le plus volumineux est celui du premier souverain de notre pays. Comme il s'agit d'un objet unique et précieux, vous comprendrez certainement que le prix soit si élevé. »

« Oui, je comprends, » dit le client, « mais pourriez-vous m'expliquer pourquoi le plus petit coûte deux fois plus cher ? » Le vendeur répond froidement : « Oh, le plus petit ! Eh bien c'est aussi celui de notre premier roi, mais quand il était enfant. »

« Vraiment ? C'est merveilleux ! Je prends celui-là ! » s'exclame l'acheteur.

Quand les rires se furent dissipés, quelqu'un posa une autre question.

« Amma, qu'est-ce qu'un véritable maître spirituel et à quoi le reconnaît-on ? »

Amma : « Pour qu'un chercheur puisse reconnaître un vrai Maître, il lui faut une certaine compréhension intellectuelle de la spiritualité. Un des critères est bien entendu l'amour et l'attirance que l'on éprouve pour le maître. Un *sadguru* est irrésistible. Les gens sont attirés par lui comme la limaille de fer par un puissant aimant. La relation entre un Maître et son disciple est incomparable, il n'existe rien de tel. L'effet sur le disciple est permanent et une telle relation n'est jamais néfaste.

Toutefois, lorsque vous vous sentez attiré par un être que vous croyez être un Maître, il est très important que vous utilisiez votre discernement. Vous éprouvez peut-être une attirance spontanée, mais comme vous n'êtes pas établi dans la vraie sagesse, vous ne pouvez pas forcément vous fier à vos sentiments. Les pouvoirs de cette personne vous ont peut-être hypnotisé et vous croyez qu'elle peut satisfaire vos besoins et vos désirs. Tant que l'intuition n'est pas une part réelle, intégrante, de votre nature, il est impossible d'avoir une confiance absolue en ce que vous ressentez.

Songez à tous les chocs psychologiques douloureux que vous avez reçus dans votre vie. Il font de vous une immense plaie ambulante. Pourquoi ? À cause de vos erreurs de jugement. Vous n'avez pas employé votre faculté de discernement. Le *karma* joue ici sans aucun doute un rôle, mais rappelez-vous que quelle que soit la puissance du passé, la manière dont vous vivez le moment présent est encore plus importante, car c'est ce qui détermine votre futur.

Si une personne prétend être un *guru* sans être établie dans la conscience divine, elle ne fait que nuire aux gens par ses pensées et par ses actes. Elle peut parler, marcher comme un Maître réalisé et en avoir l'apparence, mais observez si elle porte un amour égal et inconditionnel à tous les objets de la création, si elle manifeste une compassion véritable. Si tel n'est pas le cas, alors soyez vigilant, car elle est sans nul doute encore identifiée à l'ego. Pour attirer les disciples, elle dissimule son ego et agit avec une apparente innocence. Mais une fois que vous êtes pris, elle vous exploite, vous meurtrit et vous inflige de profondes blessures intérieures.

Ne vous enthousiasmez pas si vous rencontrez quelqu'un qui proclame être un Maître réalisé, car les gens qui font de telles déclarations sont souvent dangereux. D'abord, celui qui parvient à l'état de suprême réalisation se perd dans l'océan de *sat-chit-ananda*. Il perd son soi limité et individuel et il n'y a plus personne pour proclamer ou déclarer quoi que ce soit. Il se fond dans l'océan infini de béatitude, et au lieu d'en parler, il préfère garder le silence. Pourtant un être réalisé parle, mû par l'amour et la compassion qu'il éprouve envers les humains. Mais jamais il ne déclare : « J'ai réalisé le Soi ! Je vous mènerai à Dieu si vous vous abandonnez à moi ! »

Un Maître authentique ne fait rien de particulier pour attirer l'attention sur lui mais les gens affluent néanmoins vers lui. L'amour, la compassion et la sérénité émanent spontanément de lui, comme la pluie tombe d'un nuage, comme l'eau coule dans une rivière bouillonnante. Ceux qui ont soif sont attirés par l'eau.

Si vous êtes sincère et dévoué à votre idéal, si votre soif est assez forte, vous trouverez le Maître parfait et il guérira vos blessures. Votre désir sincère de réaliser Dieu vous mènera à un *sadguru* ; ou plutôt, il apparaîtra dans votre vie.

Soyez cependant prudent lorsque vous entrez dans la vie spirituelle. Il y a des gens qui excellent à manier un langage fleuri et persuasif, qui n'hésitent pas à faire toutes sortes de déclarations. Examinez attentivement ces personnes, voyez si elles rayonnent d'amour divin et de paix.

Que cela ne vous empêche pas d'écouter les discours spirituels des érudits. Cela ne pose pas de problème, mais n'oubliez jamais de rester prudent et vigilant. Observez votre mental et vos émotions. Ne vous laissez pas duper par de fausses proclamations, de fausses promesses. C'est pourquoi Amma dit qu'il est nécessaire de comprendre les bases de la spiritualité, sa nature réelle, et de connaître les qualités que l'on doit rechercher chez un vrai Maître.

Si vous voyez quelqu'un qui rayonne constamment l'amour divin et la compassion, une paix profonde, incommensurable, quelqu'un qui manifeste envers la création entière une profonde humilité, un profond respect, allez vers cet être. L'amour divin ne peut pas être imité. Quelqu'un qui n'est pas parvenu au but peut parler comme un être réalisé mais il lui est impossible d'aimer comme un être réalisé ou de manifester la même compassion.

Seule une lampe à huile dont la mèche brûle peut en allumer une autre. Une lampe éteinte ne le peut pas. Celle dont la flamme brûle peut allumer des lampes innombrables, sa lumière ne perdra rien de son éclat ni de sa puissance. De même, seul un *jivan mukta*, un Maître réalisé, peut éveiller le Divin en vous. Il est la lampe flamboyante, capable d'allumer autant de flammes qu'il le désire tout en restant à jamais parfait et complet.

« Comme une lampe peut en allumer une autre, le *guru* donne la connaissance que tout est *Brahman*, le *Brahman* imperceptible, éternel, suprême, sans forme ni attribut. » *Gurugita*

Une fois que vous avez atteint la Conscience divine, vous êtes empli de paix et de compassion car ces deux qualités sont aussi inséparables de la Conscience divine que la lumière de la lampe, que le parfum de la fleur. La lampe allumée brille ; la fleur éclose répand son parfum. De même, quand votre cœur s'épanouit pour donner la fleur du Divin, la paix et la compassion deviennent pour ainsi dire votre ombre, et nul ne peut se défaire de son ombre. Cherchez donc un Maître qui rayonne constamment l'amour divin, la compassion et la paix, qui les répande également sur tous, sur l'ensemble de la création car telle est la nature d'un vrai Maître. »

L'incarnation des valeurs les plus nobles

Question : « Amma, certains disent qu'un Maître doit respecter certaines valeurs morales et éthiques. D'autres ont une opinion divergente. Quel est ton avis ? »

Amma : « Un vrai Maître donne toujours l'exemple à ses disciples. Il est l'incarnation des valeurs les plus nobles. Selon Amma, un *sadguru*, bien qu'il soit au-delà de toutes les lois et limitations, doit adhérer strictement aux valeurs morales et éthiques. Tant qu'un Maître reste dans son corps, au service de la société, il lui faut respecter certaines valeurs morales et éthiques fondamentales car c'est seulement ainsi qu'il peut servir d'exemple à autrui. Si le *guru* déclare : « Écoutez, je suis au-delà de tout, je peux donc faire tout ce qu'il me plaît ! Contentez-vous de m'obéir et de faire ce que je vous dis », cela ne peut que nuire au disciple. Une telle attitude pourrait même provoquer l'anéantissement de la société. Un Maître réel ne fera jamais de telles déclarations car il manifesterait ainsi de l'orgueil. Une telle affirmation implique que le sens du « moi », de l'ego, est encore très présent. Un vrai Maître est d'une humilité exceptionnelle. Son attitude consiste à se prosterner devant tout, devant l'ensemble de la création, permettant ainsi à l'existence pure de s'écouler en lui, de prendre complètement possession de lui. Les Maîtres n'ont aucun sens de l'ego.

Un Maître authentique est l'incarnation de l'humilité. En lui vous pouvez voir le véritable abandon de soi et l'acceptation ; il donne ainsi un exemple réel dont vous pouvez vous inspirer. C'est seulement en présence d'une âme totalement abandonnée à Dieu que le disciple peut s'abandonner spontanément et sans effort, sans avoir le moindre sentiment d'y être contraint. Forcer le disciple de quelque manière que ce soit serait nuisible et ne ferait qu'entraver son développement. Le véritable abandon de soi se produit naturellement. Un changement intérieur survient. La manière dont il perçoit et comprend les choses évolue, ainsi que l'attitude intérieure avec laquelle il agit. Le centre de sa vie se déplace complètement.

De plus, un Maître ne donnerait pas un bon exemple s'il déclarait fièrement : « Je suis une âme réalisée », ou bien : « Je suis au-delà de tout. » Si le moindre sentiment du « moi » demeure, la personne n'est pas réalisée. La réalisation du Soi est l'absence totale de sentiment du « moi » et du « mien ». On peut comparer cet état au ciel sans limites ou à l'espace ouvert. L'espace a-t-il aucun sens de l'ego ? Non, il est, c'est tout. Il est simplement présent. Un nuage de pluie ou une fleur ont-ils le sentiment du « moi » ? Non, pas du tout. Leur existence est une offrande au monde. De même, un Maître véritable, établi dans le Soi, s'offre lui-même au monde. Tous les grands maîtres du passé, les saints et les sages d'autrefois, ont été des exemples parfaits de nos valeurs les plus hautes et les plus nobles.

Il y a des gens pour dire : « Pourquoi citer ou suivre les anciens ? Après tout, ils ont vécu il y a des lustres. La spiritualité et les maîtres spirituels doivent changer et s'assouplir, car le monde d'aujourd'hui est totalement différent. » Ceux qui parlent ainsi devraient comprendre qu'il n'existe qu'une Vérité. Les gens en parlent de différentes manières, mais l'expérience est la même. La Vérité a déjà été décrite. Il n'en existe pas de nouvelle et il serait infantile d'en demander une. C'est comme si un élève disait à son maître d'école : « Tous les maîtres nous disent que trois et trois font six. J'en ai assez d'entendre toujours la même chose. Tu ne pourrais pas nous donner une nouvelle réponse ? Pourquoi ne pas dire que trois et trois font autre chose ? »

Eh bien non, ce n'est pas possible. La présentation peut changer, mais personne ne peut inventer une nouvelle Vérité pour vous plaire. Même si le *guru* est au-delà du corps et dépourvu de toute faiblesse humaine, les disciples ne le sont pas. Ils sont encore identifiés au corps et à l'ego et ils ont donc besoin d'un exemple vivant, d'une incarnation de toutes les qualités divines, d'un modèle auquel se raccrocher. C'est du Maître que s'inspirent les disciples. Un Maître accorde donc la plus grande importance à la morale et à l'éthique. Et il respecte lui-même strictement ces valeurs pour donner l'exemple et inspirer les disciples.

Bien entendu, les coutumes, l'éthique et la morale des nations varient. Cependant, il existe certains principes universels, reconnus depuis des siècles. Celui de l'honnêteté, par exemple, a toujours été valable pour n'importe quel individu, n'importe quelle société ou nation. La vérité, la paix, l'amour, le désintéressement, le sacrifice de soi et l'humilité sont des valeurs universelles. »

Eau de riz ambrosiaque

Le premier *Devi Bhava* à Santa Fé allait commencer dans le salon de Steve et Cathy Schmidt. Gayatri offrit aux Schmidt un verre de *kanji*, d'eau de riz. Amma venait d'en boire. Steve et Cathy en burent chacun une gorgée. Ils sentirent aussitôt l'effet du *prasad*.

Steve, comme il le raconta plus tard à Amritatma, plongea soudain dans un état de béatitude, oubliant complètement l'activité qui l'entourait. Cathy réagit en s'asseyant dans un coin, les yeux clos. Elle y resta plusieurs heures, habitée par un sentiment profond de paix et de joie, sans percevoir le jeu divin qui se déroulait autour d'elle. La maison était pleine de dévots venus pour le *Devi Bhava*. Mais leurs hôtes étaient absents de ce monde pour avoir goûté l'ambroisie sous la forme d'eau de riz. Il y eut donc au début beaucoup de confusion, puisqu'il n'y avait plus personne pour veiller au bon déroulement de la réception. Ce fut pour Steve et Cathy la première expérience de la puissance divine d'Amma.

Chicago

Le vrai jnani

Amma donnait le *darshan* au temple hindou de Chicago. Elle chantait un *bhajan*, tandis qu'un dévot avait la tête sur ses genoux.

Rama nama takaram

Le nom de Rama nous fait traverser l'océan de la transmigration
Il nous apporte la prospérité matérielle et la libération.
Ce nom ravissait Sita,
Il soutient le monde entier,
Adoré et psalmodié par Shiva et les autres dieux.
Rama Hare, Krishna Hare !
Je chante Ton nom sans relâche !
Pour traverser l'océan de l'existence
Nous n'avons pas d'autre moyen que le nom du Seigneur.

Le chant terminé, Amma releva la tête du dévot. Il semblait émerger d'un autre monde. Son visage exprimait une profonde béatitude. Plus tard, un Indien brahmane, un érudit, demanda à Amma : « Certains *jnanis* (ceux qui connaissent le Soi) ne sont pas actifs. Ils semblent se contenter de bénir les gens sans rien faire d'autre. Amma, peux-tu nous expliquer cela ? »

Amma : « Qu'est-ce qui te fait penser que les bénédictions (*anugraha*) sont insignifiantes ? L'univers entier avec toutes ses beautés est une bénédiction. Une vie humaine est une rare bénédiction. Un *jnani* bénit les gens en leur accordant la paix, la joie et la prospérité. Qui d'autre pourrait le faire ? Personne en ce monde ne peut accorder de telles bénédictions, sinon un être uni à Dieu. La grâce d'un vrai saint touche tous les aspects de la vie d'une personne en les faisant s'épanouir, elle la transforme entièrement.

Tu dis qu'un *jnani* ne fait rien. Mais ne songes-tu pas à une personne savante, à un érudit, qui s'intitule *jnani* ? Celui-là ne fait peut-être rien d'autre que de dire : « Je suis *Brahman* », mais un vrai *jnani* est toujours actif de quelque manière ; sa présence, ses paroles et ses actes sont bénéfiques au monde. Même s'il ne travaille pas physiquement et, du point de vue d'une personne ordinaire, semble ne rien faire, en réalité, il bénit les gens par sa présence. Il n'a pas besoin pour cela de célébrer de *yaga* ou de *yagna* (sacrifices rituels) car sa vie même est un sacrifice. À travers lui s'écoulent la grâce, la gloire et la puissance infinies de Dieu. En vérité, le vrai *jnani* est Dieu. C'est pourquoi les gens affluent inévitablement vers lui, même s'il tente de s'isoler. Il est donc impossible de juger et de dire que le *jnani* ne fait rien, simplement parce qu'on le voit physiquement inactif. Quoi qu'il en soit, un *jnani* donne habituellement l'exemple en étant actif sur le plan physique. Quant aux exceptions, à ceux qui semblent ne rien faire, une personne ordinaire ne peut pas avoir la moindre idée de ce que de tels êtres donnent au monde.

Shri Krishna était un être parfait, Il connaissait le Soi. Il était d'un dynamisme exceptionnel, constamment engagé dans différentes actions. Quel que fût Son champ d'action, Ses actes étaient parfaits. Mais bien que Krishna soit sans égal, Il n'est qu'un exemple parmi bien d'autres grandes âmes qui ont été des modèles de perfection et ont fait au monde un bien immense par leurs actions.

Jivan mukti, la libération du cycle des morts et des naissances, n'est pas un but que l'on atteint après la mort ; cette expérience ne s'obtient pas non plus dans un autre monde. C'est un état parfait d'éveil et d'équanimité qu'il est possible de vivre ici et maintenant, en ce monde, dans le corps. Mais il arrive que les Maîtres accordent la connaissance du Soi à quelques-uns de leurs disciples au moment où ceux-ci quittent le corps (*videha mukti*). Ces âmes bénies, ayant eu l'expérience de la vérité suprême, de leur unité avec *l'atman*, n'ont pas à renaître. Elles se fondent dans la Conscience infinie.

Une fois que vous êtes *jivan mukta*, au moment de la mort, vous n'avez pas le sentiment de vous séparer du corps ni de perdre votre identité, car votre identification au corps a cessé avant de mourir. En d'autres termes, vous êtes mort au corps tout en vivant dans le monde. Cet état suprême est appelé *moksha*, la libération de tous les attachements au corps. Ce but ultime doit être atteint dans cette vie. *(Quand Amma parle du corps, elle inclut aussi le mental.)*

L'atman seul est le sujet, Celui qui voit, le Voyant. Tout le reste, ce qui est vu, est l'objet. *Atma jnana* (connaître le Soi) signifie que *l'atman* connaît *l'atman*, que le Soi fait l'expérience du Soi. Le Soi ne peut être connu que par le Soi, demeurant dans le Soi ; lui seul peut avoir cette expérience. Si *l'atman* pouvait être connu de quelque autre manière, il serait un objet parmi d'autres. Il devrait alors exister quelque chose d'autre que *l'atman* qui permette de le percevoir. Mais non, *l'atman* ne peut être connu ou perçu par rien d'autre que lui-même car seul le Soi est le véritable « Je », Celui qui voit tout, qui vit l'expérience. Les expériences passent, mais Celui qui les vit, le substrat de toute expérience, reste le même. Rien ne peut connaître *l'atman* sinon *l'atman* lui-même, le sujet connaissant le sujet. Voilà ce que signifie connaître le Soi. Si quelqu'un croit donc connaître le Soi, sachez donc qu'il n'en est rien car le Soi n'est pas un objet qui peut être connu ; c'est le Soi qui connaît le Soi et en fait l'expérience.

L'état ultime de connaissance du Soi n'est pas réellement une expérience ; c'est plutôt un état de conscience permanent, éternel. »

Madison

À Madison, Amma habita chez David et Barbara Lawrence, de vieux amis de Nealou. Ils éprouvaient tous deux une grande dévotion envers Amma. Plus tard, leur fille Rasya s'attacha profondément à Amma et choisit d'aller vivre au centre de San Ramon.

Shraddha

Un soir, au moment où Amma montait dans la voiture pour se rendre au programme, Gayatri, qui mettait les affaires d'Amma dans un panier pour les apporter dans la voiture, fut retardée. Amma fut obligée de l'attendre et lorsqu'elle arriva en courant, Amma la gronda pour son manque de *shraddha*.

Sur la route, Amma dit : « Amma ne désire les services de personne et peu lui importe la manière dont tu te conduis. Mais un chercheur spirituel devrait se montrer attentif et vigilant dans toutes ses actions. *Shraddha* implique à la fois l'amour et la foi. Celui qui est animé par l'amour et la foi est automatiquement vigilant, quoi qu'il fasse.

La vie amène des expériences inattendues. Si nous ne sommes pas attentifs et vigilants à tout instant, il est impossible d'affronter ces expériences et de leur faire face hardiment. La situation de chacun est comparable à celle d'un soldat sur le champ de bataille. Imaginez la vigilance dont un guerrier doit faire preuve au milieu du combat. Le danger peut venir de toutes les directions. S'il n'est pas extrêmement attentif et constamment aux aguets, cela peut lui coûter la vie. De même, la vie peut à tout moment vous confronter à n'importe quelle expérience. Il faut beaucoup de *shraddha* pour accueillir ces expériences et garder son équanimité en toutes circonstances. C'est ce que nous enseigne la spiritualité. Pour un chercheur spirituel, rien n'est plus important que *shraddha*. Ne crois pas qu'Amma soit pointilleuse sur de petites choses. Elle essaye juste de t'aider à développer cette qualité essentielle. Même lorsque tu accomplis la tâche en apparence la plus petite et la plus insignifiante, tu dois faire preuve de *shraddha*. »

Plus tard cette nuit-là, Amma parla de Gayatri aux *brahma-charis*. Elle exprima beaucoup de tendresse envers elle. Elle dit : « Amma sait que Gayatri est triste. Elle pense sans doute qu'Amma est en colère contre elle. Les apparences peuvent le laisser croire mais il n'en est rien. Le cœur d'Amma fond lorsqu'elle pense au dévouement de Gayatri, à sa sincérité, à la façon extrêmement dure dont elle travaille. » La voix d'Amma vibrait d'amour et de compassion en prononçant ces mots.

À Madison, Amma visita un foyer pour enfants handicapés. Elle resta longtemps avec eux, accordant à chacun beaucoup d'attention, s'informant de leur état, les tenant dans ses bras, les caressant, plaisantant et jouant avec eux. Les enfants étaient enchantés. Comme tous les enfants, ils l'aimèrent aussitôt ; ils avaient le sentiment qu'elle leur appartenait. Au moment où elle s'apprêtait à partir, une petite fille assise dans une chaise roulante attrapa son sari. Elle ne voulait plus le lâcher. Amma la prit contre elle, lui caressa les cheveux et dit : « Mon enfant, Amma ne va nulle part. Amma sera toujours avec toi. Elle est avec toi à chaque instant. » La petite fille parut réconfortée. Elle sourit joyeusement et lâcha le sari.

La paix succède à la souffrance

Pour aller au programme, Amma invita le *brahmachari* Rao (Swami Amritatmananda) à monter dans la voiture. L'emploi du temps était si chargé qu'il ne parvenait pas à passer beaucoup de temps auprès d'elle, et cela l'avait attristé. Amma lui parla de la douleur et de la joie.

Amma : « La paix intérieure vient toujours dans le sillage de la douleur. Pour atteindre l'état où règne la joie éternelle, il faut d'abord traverser la souffrance. La douleur au début puis un bonheur durable à la fin sont de loin préférables à un bonheur initial suivi d'une longue souffrance. La douleur est une part inévitable de la vie. Il est impossible de trouver une paix durable ou le bonheur sans avoir d'abord souffert d'une manière ou d'une autre. C'est également valable pour la vie profane. Imagine que tu désires devenir un grand chanteur. Si tel est le but de ta vie, comment peux-tu espérer l'atteindre sans suivre au préalable l'entraînement vocal nécessaire ? Tu dois être capable de maîtriser les notes, les vibrations et les variations les plus complexes et les plus subtiles, de passer sans effort du bas au haut de la gamme. Comment serait-ce possible sans exercer ta voix sous la direction étroite d'un maître de chant expérimenté ? Cet entraînement est la douleur qu'il te faut endurer avant de devenir un grand artiste. La souffrance du début est le *tapas* que tu dois accomplir, le prix que tu dois payer pour ton bonheur. Le degré de la souffrance varie en fonction de l'amplitude du bonheur recherché. La béatitude spirituelle étant de loin la plus grande joie que l'on puisse connaître, le degré d'austérité exigé, le prix à payer pour cette béatitude est aussi le plus élevé. Vous devez consacrer votre vie entière à cette fin.

Dans certaines régions de l'Inde, par exemple dans le Tamil Nadu, le soir du nouvel an, les gens mangent la fleur de l'arbre *neem*, qui est très amère. Lors d'un autre rituel, appelé *pongal* et célébré à la fin de l'année, le jour où le soleil touche le tropique du Capricorne, les gens mâchent traditionnellement de la canne à sucre. Les fêtes hindoues contiennent toujours un grand symbolisme. Dans ces deux exemples, le fait de mâcher la fleur du *neem* représente l'acceptation des expériences amères de la vie dès le jour de la naissance. La vie inclut de nombreuses difficultés, des malheurs. Apprenons à les accepter et même à les accueillir de bon cœur, à être patient, enthousiaste et optimiste, sans jamais nous laisser aller à la faiblesse ou au découragement. C'est ainsi seulement que nous progresserons vers le vrai but de la vie, la douce béatitude et la joie de l'immortalité. C'est ce que symbolise la canne à sucre que l'on mange à la fin de l'année.

La douleur existe dans tous les domaines de la vie et dans tous les champs d'action. Vous ne pouvez atteindre la joie et la paix, le fruit que vous réserve la souffrance endurée, sans d'abord accepter la douleur et la dépasser. C'est en apprenant à accepter la souffrance que l'on trouve la vraie joie.

L'amour seul a le pouvoir de vous ouvrir à la Conscience divine. La vie entière est une école d'acceptation.

La présence, l'amour et le toucher d'une âme divine ont un grand effet sur les gens ; cela les rend si réceptifs qu'ils s'ouvrent.

Dans le *Ramayana*, une péripétie montre comment la présence et le simple contact d'une grande âme peuvent créer cette réceptivité. Cette péripétie montre également comment la paix intérieure vient après une épreuve douloureuse.

La date du couronnement de Rama avait été fixée. Il n'eut malheureusement pas lieu car c'est à ce moment-là que Kaikeyi, la belle-mère de Rama, demanda les deux faveurs qui lui avaient été promises par son mari, le roi Dasharatha, père de Rama. Elle exigea que son propre fils, Bharata, soit couronné roi à la place de Rama et que ce dernier parte en exil dans la forêt pendant quatorze ans. Le roi Dasharata était profondément attaché à Rama. La requête de sa femme le bouleversa au point qu'il s'effondra. Il supplia la reine de changer d'avis, mais elle s'obstina. Son devoir de roi et de père de Rama, incarnation du *dharma* (la justice divine) était, lui dit-elle, de tenir sa promesse et de l'accomplir immédiatement. Dasharatha était dans une situation désespérée. Mais Rama, qui était Dieu Lui-même, accepta sereinement. Il quitta de bon gré Ayodhya et partit dans la forêt pour que Son frère Bharatha monte sur le trône. Rama, qui était détaché de tout, ne manifesta aucune colère, aucune frustration. Il resta égal à Lui-même, calme, équilibré.

En revanche Lakshmana, frère et fidèle serviteur de Rama, L'aimait plus que tout au monde et la nouvelle de Son exil imminent le mit en fureur. Sa colère ne connut plus de bornes lorsqu'il découvrit que Kaikeyi en était la cause. Il accusa son père d'être injuste et sous la coupe de sa femme. Il voulait que Rama l'autorise à emprisonner son père et Kaikeyi pour que le royaume redevienne l'apanage de Rama. Il désirait que Rama soit ensuite couronné en tant que roi légitime. Lakshmana fulminait de rage, personne ne pouvait le calmer. Rama ne dit rien et regarda simplement son frère crier et hurler de rage, défier leur père, jusqu'à ce qu'il soit épuisé. Alors Rama, qui jusqu'alors n'avait rien dit, S'approcha de Son frère. Il le toucha doucement en disant : « Mon enfant ». Il ne fallut rien d'autre. Ces deux mots et cette caresse eurent un effet immédiat sur Lakshmana. Ils éveillèrent l'enfant en lui. Il retrouva une tranquillité et un calme parfaits, toute sa colère s'évanouit. Telle est la puissance de la parole et du toucher d'un Maître réalisé. Lakshmana fut ensuite paisible, ouvert comme un enfant devant Rama. Rama lui donna alors des conseils, un enseignement spirituel profond qui lui alla droit au cœur. Jusque-là, Il ne s'était pas approché de Lakshmana et ne lui avait pas dit un mot. Il avait attendu patiemment que Son frère traverse la colère et la douleur, puis créé l'occasion idéale pour l'instruire. Si Rama avait parlé avant, quand Lakshmana était en proie à la rage, Son enseignement lui serait passé au-dessus de la tête. C'est Sri Rama qui créa toutes les circonstances, du début à la fin. S'Il avait protesté contre la décision de Son père, l'occasion ne se serait pas présentée.

Les événements rapportés dans le *Ramayana* ont certes des causes multiples, qui se situent à bien des niveaux différents.

Rama est la Puissance universelle sous forme humaine. S'Il l'avait voulu, Il aurait pu vaincre Ses ennemis en un instant et recouvrer le royaume. C'est parce qu'Il accepta la situation que Lakshmana explosa de rage. Mais cette réaction aida Lakshmana à épuiser toute l'énergie négative qui dormait en lui. Par-dessus tout, la grâce que Rama lui transmit par Ses paroles et par Son contact le guérit et le purifia, si bien qu'il fut apte à recevoir l'enseignement spirituel. Mais avant que Lakshmana puisse s'ouvrir, il lui fallut faire l'expérience douloureuse de la rage et du désespoir. La paix et la détente succèdent donc toujours à la douleur et à l'effort. Rama, le Maître parfait, créa cette situation grâce à Son divin *sankalpa* pour le bien de Son frère et disciple bien-aimé.

Il faut toutefois préciser que ces circonstances étaient parfaitement adaptées à Lakshmana ; tout se déroula en présence de son Maître, qui contrôlait la situation. Vous risqueriez sinon croire qu'il n'est pas nécessaire de contrôler votre colère ou de prendre conscience de son caractère essentiellement négatif. Il n'est pas bon d'exploser de rage dès que vous êtes irrité, c'est évidemment destructeur. Ces circonstances se sont produites en présence de Rama pour un motif bien précis.

Les expériences en apparence négatives que nous traversons contiennent toujours un message divin. Il faut simplement aller au-delà de la surface pour que ce message nous soit révélé. Mais d'habitude, nous restons à la surface, sans approfondir. »

La voiture s'arrêta devant l'entrée du hall et Amma en sortit, aussitôt entourée de la foule qui l'attendait. Un sourire éclairait instantanément le visage de ceux qui l'apercevaient. On aurait dit des fleurs de lotus s'épanouissant à l'apparition du soleil dans le ciel. Un bébé, une petite fille assise sur la hanche de sa maman, regardait fixement Amma. Amma s'approcha d'elle et l'embrassa, l'appelant : « Bébé, bébé ! ». L'enfant sourit et tendit les bras vers Amma, qui la prit dans ses bras. Elle arriva à l'entrée de la salle où elle s'arrêta pour la traditionnelle *pada puja*. Un dévot lui mit une guirlande autour du cou et un autre effectua *l'arati*. Elle se dirigea ensuite vers l'estrade, le bébé toujours dans les bras.

Charleston

Jivan mukti

À Charleston, dans l'état de Virginie, Amma donna le *darshan* dans une église non-confessionnelle *(église chrétienne ouverte aux autres religions, N.d.T.)*.
Elle avait été invitée par le moine responsable de cette église. Il traita Amma avec le plus grand respect. Avant les *bhajans*, il dit à l'assemblée : « C'est peut-être la première fois qu'Amma vient en Amérique, la première fois qu'elle vient ici dans ce corps, c'est-à-dire... » Il marqua une pause, puis il reprit : « Mais je sais qu'Amma est déjà venue. Elle était avec moi car elle m'est apparue au cours d'une vision avant même que j'aie entendu parler d'elle ; lors de cette expérience, elle m'annonça qu'elle allait venir en

Amérique. C'est seulement ensuite que j'ai appris son existence et sa venue dans ce pays. »

Au cours des *bhajans*, Amma entraîna tout l'auditoire à reprendre le chant :

Jay jay jay Durga maharani

Gloire, gloire, gloire à Durga
La grande Reine !
Ô Durga grande Reine
Accorde-moi Ta vision !

Ô Enchanteresse de l'univers,
Ô Mère qui règne sur les trois mondes
C'est Toi qui as donné naissance à toute la création,
Toi qui accordes toutes les grâces ;
Ô Durga, grande Reine,
Accorde-moi Ta vision !
Ô Mère Durga,
C'est Toi qui détruis l'ignorance,
Toi qui anéantis toutes les peurs et les souffrances.
Ô Mère, Toi qui chevauches un lion,
Tu incarnes tout ce qui est favorable.
Ô Durga, grande reine,
Accorde-moi Ta vision !

Ô Mère, Tu es l'incarnation de la foi,
De la compassion et de l'amour ;
Toi seule es la grande Illusion,
La Puissance suprême ;
Ô Mère Bhavani
Tu habites dans tous les cœurs.
Ô Durga, grande Reine,
Accorde-moi Ta vision !

*Gloire, gloire, gloire
À Durga, la grande Reine !*

Au début du *darshan*, une femme qui avait voyagé avec Amma vint recevoir son étreinte, puis s'assit non loin d'elle. Elle avait entendu Amma parler de *jivan mukti* et désirait en savoir plus sur le sujet. Elle dit : « Amma, l'autre jour tu parlais de la libération ultime, un état où l'on est affranchi de tout lien avec le mental et avec le corps et que l'on peut connaître tout en restant dans ce monde. Tu as dit que dans cet état, le corps et le mental cessent d'exister. Cela signifie-t-il que le monde alors disparaît ? Car sans corps et sans mental, comment peut-on percevoir le monde ? »

Amma : « L'état de *jivan mukti* ne signifie pas la disparition du monde. Celui-ci continue d'exister. C'est votre conception erronée du monde qui disparaît. Votre mauvaise compréhension engendre les différences et la diversité. Dans cet état, elles se dissolvent et vous ne contemplez plus alors que l'unité de toute chose, partout. La création divine subsiste pourtant ; car vous ne pouvez détruire que ce que vous avez vous-même construit. En d'autres termes, vous ne pouvez supprimer que l'ego, car c'est votre création. Ce n'est pas le cas de l'univers, auquel vous ne pouvez donc rien changer.

Vos pensées sont votre création. En coopérant avec elles, vous les rendez réelles. Retirez-leur votre soutien et elles se dissiperont. Observez vos pensées, sans les aimer ni les haïr, sans les juger bonnes ou mauvaises. Soyez un simple spectateur et elles disparaîtront. Le monde extérieur ne disparaît pas parce que vous vous contentez de l'observer. Mais si vous parvenez à rester un témoin détaché, le monde intérieur des pensées s'évanouira. Imaginez-le simplement comme une rivière dont vous contemplez le flot en restant sur la rive, sans plonger.

Les nuages dans le ciel revêtent différentes formes. Ils peuvent prendre celle d'un monstre, d'un chariot, d'un cheval qui piaffe, ou du beau visage d'un dieu. Ils se déplacent et leur aspect change sans cesse. Les petits enfants aiment à contempler ce spectacle. Lorsqu'ils regardent passer les nuages, ils croient parfois que les formes sont réelles. Mais un adulte sait qu'elles sont illusoires, que ce sont des nuages qui se transforment. Les adultes ne jugent pas ; ils regardent simplement le ciel, sans aucune attitude particulière, sans faire le moindre commentaire sur les formes qu'ils voient défiler dans le ciel. Ils ne s'exclament pas : « Oh ! Le beau cheval ! », car ils savent que ce n'est qu'un nuage. Ainsi, les pensées sont les « nuages » toujours changeants qui apparaissent dans l'espace intérieur du mental. Elles prennent différentes formes, mais elles sont toujours irréelles. Les nuages dans le ciel ne sont pas votre création ; ils ne disparaissent donc pas si vous les observez. Par contre, les nuages de pensées dans votre ciel intérieur s'évanouiront si vous parvenez à les regarder défiler.

Un lion en bois de santal est un vrai lion aux yeux d'un enfant, mais pour un adulte, c'est un morceau de bois. Le matériau est caché à l'enfant, qui ne voit plus que le lion. L'adulte aime peut-être le lion, mais il sait que l'animal n'est pas réel. Pour lui, seul le bois existe réellement, pas le lion.

De la même manière, aux yeux d'un *jivan mukta*, l'univers entier n'est rien d'autre que l'essence, le « bois » dont toute chose est faite, *Brahman*, la Conscience absolue.

L'univers ne disparaît pas de la vision du *jivan mukta*. Les choses restent ce qu'elles sont, rien ne change. Le soleil ne cesse pas de se lever à l'Est pour celui qui atteint la réalisation. Mais un changement intérieur se produit. Le monde est perçu à un niveau de conscience différent. Pour le *jivan mukta*, Dieu, la pure et unique Conscience, demeure en tout. Comme le lion en bois n'est aux yeux d'un adulte qu'un morceau de bois, le *jivan mukta* voit en tout le *Paramatman*, le Soi suprême. Le monde des noms et des formes existe toujours, mais le sage perçoit l'essence de toute chose. Vous ne perdez pas votre corps en atteignant l'état de *jivan mukti*. Vous pouvez y rester et continuer à fonctionner dans le monde, mais vous avez cessé de vous identifier au corps. Vous êtes devenu un observateur, un témoin. Vous ne percevez plus le monde de l'extérieur, vous voyez tout de l'intérieur, à partir du centre réel de l'existence.

La noix de coco sèche se sépare automatiquement de la coque extérieure dure. Elle reste à l'intérieur de la coque sans y être attachée. Il en va de même pour un *jivan mukta* car dans cet état, le corps et l'âme sont perçus comme séparés. L'illusion que le corps est l'âme ou que l'âme est le corps s'est dissipée. Tous les attachements liés au corps disparaissent. Quand les *vasanas* (les tendances latentes) se sont « desséchées », la conscience que le corps n'est pas le Soi, mais que le Soi est totalement libre et indépendant, s'éveille en vous. Pour un *jivan mukta*, le Soi est tout, en tous lieux ; le *Paramatman* est devenu la création entière.

On raconte à propos de Brahma, le créateur de l'univers, une magnifique histoire. On dit qu'après la création de chaque être vivant, Dieu s'éprit de lui au point d'entrer dans cet être et de se fondre en lui. Il créa un arbre, se prit d'amour pour lui et devint l'arbre. Il créa un cochon, l'aima et devint le cochon. Il créa un être humain, en tomba amoureux et devint cette personne. Il entra ainsi en chaque être.

Dieu est amoureux de Sa création. Il demeure en tout, Puissance unique qui donne la vie. *Jivan mukti* est l'état dans lequel vous contemplez la gloire de Dieu, Sa puissance infinie, en toute chose, non seulement en ce qui est bon et beau, mais aussi en ce qui est mauvais et laid. Vous voyez l'essence du monde, non sa surface extérieure. La surface reste la même, mais votre œil intérieur s'est ouvert et vous permet de percer l'écorce pour percevoir clairement « Cela » qui est à l'intérieur.

Dans le *Shrimad Bhagavatam*, Prahlada, un jeune garçon dévot de Vishnou, déclara à son père, le roi et démon Hiranyakashipou, que Dieu est en tout, qu'il s'agisse d'un brin d'herbe, d'un pilier inanimé, d'une feuille sèche, d'une simple hutte ou d'un palais. Hiranyakashipou, que la foi de son fils mettait en fureur, montra du doigt un gros pilier à l'intérieur du palais et hurla : « Est-ce que ton Hari demeure aussi dans ce pilier ? » Sans hésiter une seconde, le garçon répondit : « Oui, Il est là aussi. » Le démon, hors de lui, saisit son épée et frappa la colonne. Sous la violence du choc, elle se brisa en deux et la forme cruelle de Vishnou, Narasimha (le divin homme-lion) en sortit dans une explosion de Puissance cosmique.

Sans l'énergie suprême, rien ne pourrait exister. La Puissance cosmique est le ciment qui tient le monde ; sans elle, il se dissoudrait en un instant. Elle est la force constructrice ultime. Cette histoire symbolise le caractère omniprésent de l'énergie suprême qui imprègne toute chose. *Jivan mukti* est le sommet de l'existence humaine, un état dans lequel un être ressent constamment la béatitude éternelle, tout en étant encore dans le corps. À ce niveau de conscience, le corps n'est rien d'autre qu'une cage où demeure l'âme, car celle-ci est toujours perçue comme différente du corps.

Avez-vous entendu parler du roi Janaka, le père de Sita Dévi, la divine épouse de Rama ? Le roi Janaka était un *jivan mukta*. Il était uni au Soi. Il n'abandonna pourtant pas ses responsabilités de roi. Il gouverna le pays et accomplit son devoir dans une parfaite équanimité. Les événements qui se déroulèrent dans sa vie ne l'affectèrent en rien, qu'ils soient heureux ou malheureux.

Dans l'état de *jivan mukti*, le monde existe toujours, mais notre vision change totalement. Parvenu à l'union avec l'Être suprême, le *jivan muka* accomplit les devoirs qui lui sont confiés tant qu'il continue à vivre dans le monde. Il ne reste pas oisif en déclarant : « Tout est illusion, il n'y a donc aucune raison pour moi de travailler. s

Boston

L'avatar

Ce matin-là, un jeune homme demanda s'il pouvait poser une question. Amma lui sourit et dit : « Bien sûr. Mais ne pose aucune question qui concerne Dieu, le *karma* (la théorie de l'action) ou *moksha*. »

L'homme fut stupéfait. Comment parler de spiritualité sans toucher à un de ces trois sujets ? En voyant sa mine effarée, Amma et les dévots rirent. Amma l'embrassa et lui dit : « Mon fils, ne t'inquiète pas. Tu peux poser ta question. »

Bien qu'Amma ait plaisanté en lui enjoignant de ne pas aborder ces trois sujets, il y avait dans ses paroles un sens profond. En effet, toute question à propos de Dieu, du *karma* ou de *moksha* est forcément sans réponse. Il est impossible de rien en dire, car il est impossible de comprendre ces sujets sans en faire l'expérience. Les explications, les interprétations, ne font qu'engendrer d'autres questions. Amma dit : « Les paroles vous induiront en erreur. Allez au-delà des mots et vous saurez. »

Cependant, quand un Maître comme Amma nous parle, ses paroles jaillissent de son expérience immédiate de la Vérité. Les paroles d'une âme réalisée sont donc la seule source digne de foi que nous ayons sur ces sujets.

Ayant obtenu la permission de poser sa question, l'homme demanda : « Amma, es-tu un *avatar* ? Es-tu la Mère divine ? Es-tu *adi parashakti* (la Puissance suprême) ? »

Amma : « Tu peux appeler ce corps comme tu veux. Certains l'appellent Amma (Mère), d'autres Dévi ou Krishna, d'autres encore la considèrent comme Bouddha ou Christ. Beaucoup désignent ce corps par le nom d'Amritanandamayi ou d'autres noms encore. Certains critiquent ce corps. Amma ne se soucie pas du nom que vous lui donnez. La Vérité, le Soi, demeure éternellement immuable ; rien ne l'affecte. Nul ne peut percer le mystère de cet Être pur.

Le mot *avatar* signifie en sanscrit « descendre ». La Conscience infinie descend dans le monde, prenant une forme humaine pour élever l'humanité et la sauver. Mais cela ne se produit que du point de vue du dévot, car pour la Conscience infinie, il n'existe pas d'espace dans lequel aller et venir. Où pourrait donc bien descendre ou monter ce qui est infini, ce qui est omniprésent ? Il n'existe pas un centimètre d'espace qui ne soit pas rempli de Cela. Les notions de « monter » ou de « descendre » n'existent que pour ceux qui n'ont pas l'expérience de leur unité avec la Réalité suprême. Lorsque vous vous fondez dans l'océan de *sat-chit-ananda*, il n'est plus question d'aller ou de venir.

On pourrait dire que lorsqu'une âme parvient à la réalisation, le pot en terre immergé dans l'océan se brise et l'eau contenue dans le pot se mêle à l'eau qui l'entoure, si bien qu'il n'y a plus que de l'eau, partout. Ici l'océan représente la conscience infinie ou le *Paramatman*, et le pot de terre est le Soi individuel. Dans le stade ultime de réalisation, votre individualité, la conscience du corps, disparaît. Vous vous fondez dans l'infini et transcendez toutes les limites. Mais pour un *avatar*, il n'y a jamais eu de pot de terre à briser, car Il ou Elle n'a jamais fait qu'un avec le Suprême.

Les *avatars* vivent au milieu des êtres humains et affrontent toutes les difficultés de la vie. Mais Ils donnent constamment l'exemple de l'amour divin, de la compassion, du sacrifice de soi etc. Ces êtres deviennent une source d'inspiration pour des millions de personnes sur la planète. Ils sont pareils à de grands navires capables de faire traverser l'océan de la transmigration à des centaines de milliers de personnes. Les *avatars* naissent en pleine conscience de la Vérité. S'Ils se livrent parfois à de sévères austérités, ce n'est que pour montrer l'exemple au monde, comme une mère aimante dont l'enfant souffre d'une jaunisse et doit suivre un régime strict. Pour aider son enfant, elle suit le même régime car si elle mange devant lui des aliments proscrits par le médecin, il sera peut-être tenté d'y goûter.

Si tu veux communiquer avec un sourd-muet, tu ne peux pas lui parler dans ton langage. Il faut employer des signes pour faire passer ton message. Tu dois te mettre à son niveau. Mais bien que tu communiques par signes, tu n'es pas sourd. De même, les *avatars* se soumettent parfois à une dure ascèse ou bien on Les voit méditer, mais cela ne signifie pas qu'Ils en aient réellement besoin. Ils ne suivent des pratiques spirituelles que pour montrer l'exemple aux autres, les inspirer et les élever.

La nature est faite de cycles sans fin : la naissance, la mort, puis de nouveau la naissance. Les saisons forment un cycle : le printemps, l'été, l'automne, l'hiver, de nouveau le printemps. La Terre tourne autour du Soleil selon une orbite précise. Une graine germe et devient un arbre ; l'arbre fleurit et de nouvelles graines apparaissent. Les âges (*yugas*) forment eux aussi un cycle : le *satya yuga*, le *treta yuga*, le *dwapara yuga*, le *kali yuga* et de nouveau le *satya yuga*. Avant cette création, il existait une autre création. Cet univers disparaîtra un jour pour qu'un autre univers apparaisse. Quand Rama S'incarna, Il dit à Hanuman : « Il y a eu d'innombrables incarnations de Rama, pas seulement celle-là. » Et Krishna dit à Arjuna : « Toi et moi nous avons pris naissance de nombreuses fois ensemble. Je n'ignore rien de tout cela, mais tu ne le sais pas. »

Amritatma s'exclama : « Oh Amma, je me souviens qu'une fois, tu as dit que tous ceux qui sont avec toi maintenant ont déjà été avec toi auparavant. »

Amma : « Oui, tous les enfants d'Amma qui sont avec elle maintenant l'ont déjà rencontrée avant. »

Un signe manifeste

La question : « Es-tu *adi parashakti*, la Puissance suprême ? » rappelle un incident arrivé à un dévot.

Un jeune homme du nom de Madhavan qui étudiait le *tantra* et adorait la Mère divine sous la forme de Sri Lalita Parameshvari, était venu voir Amma pour la première fois. Il attendait au bas de l'escalier qu'Amma descende de sa chambre. Pendant ce temps, il songeait : « Si Amma est vraiment Sri Lalitambika (un aspect de la Mère divine Sri Lalita) qui est *karpura vitikamoda samakarsi digantara*[3], elle doit me donner un signe indubitable. »

Quelques minutes plus tard, Amma descendit les escaliers. Il remarqua qu'elle mâchait quelque chose, ce qui était inhabituel.

Quand elle arriva au bas de l'escalier, là où se trouvait Madhavan, elle ouvrit la bouche, et montra du doigt la mixture en disant : « Regarde, fils ! C'est *karpura vitika*. Un dévot en a donné à Amma »

Madhavan était stupéfait. Il n'aurait pas pu demander un signe plus clair. En fait, un dévot de Kottayam, ville proche de l'Ashram, psalmodiait régulièrement le *Lalitasahasranama* et il était convaincu qu'Amma était *adi parashakti*. C'est lui qui avait offert le *karpura vitika* à Amma quelques jours plus tôt. Mais Amma n'y avait pas touché car d'ordinaire, elle ne mâche pas ce genre de choses. Pourtant ce jour-là, avant de quitter sa chambre, elle prit une pincée de ce mélange et la mit dans sa bouche. Il fut

---

[3] « Celle qui savoure les feuilles de bétel au camphre, dont le parfum attire toute la création », nom numéro 26 de la Mère divine dans le Shri Lalitasahasranama. Karpura vitika est un mélange de cardamome, noix de coco, poivre noir, gingembre et citron.

alors évident pour Madhavan qu'Amma connaissait chacune de ses pensées et qu'elle était Dévi elle-même.

Plus tard, quelqu'un posa une autre question : « Amma, tu as dit qu'il y avait eu d'innombrables *avatars* de Krishna et de Rama. Mais la tradition nous a transmis l'histoire d'un seul Rama, d'un seul Krishna. Que veux-tu donc dire ? »

Amma : « Aujourd'hui encore, Rama, Krishna et Bouddha pourraient revenir, et cela se produit, mais les gens n'ont pas les yeux pour le voir. Ne cherchez pas Rama ou Krishna sous les mêmes formes qu'auparavant. Si vous cherchez Rama pourvu d'un arc et de flèches ou Krishna portant une plume de paon et jouant de la flûte, allez être immanquablement déçu. Dieu n'est pas avare. Il dépense sans compter. Prodigue, Il apparaît sous de nombreuses formes pour le bien de l'humanité. Rama, Krishna et Bouddha apparaissent sous des aspects variés. Vous ne les trouverez certes pas en ce monde si vous vous attendez à ce qu'ils aient exactement le même corps que jadis, portent les mêmes vêtements, si vous pensez que leur jeu divin sera identique à ce qu'il fut. Non, ils ne seront pas rigoureusement les mêmes. Mais si vous éprouvez le désir ardent de les voir, il est possible de les trouver. Cherchez l'amour divin, capable d'aimer tous les êtres de manière égale et inconditionnelle, cherchez la compassion infinie, l'humilité et le sacrifice de soi. Partout où vous trouverez ces qualités, Rama et Krishna sont présents.

Dieu est infini. Il est apparu une fois sous la forme de Rama, puis de Krishna. Cette Conscience infinie, qui imprègne tout de son énergie inépuisable a pris maintenant une autre forme.

(En plaisantant) Les gens se lassent de tout, n'est-ce pas ? Ils se fatigueraient même de Dieu s'Il revenait encore sous la forme de Rama ou de Krishna. Sachant que les êtres humains sont vite blasés, Dieu, dans Sa sagesse infinie, souhaite amuser tout le monde et Se manifeste donc sous différentes apparences !

Mes enfants, le récipient change, mais le contenu reste le même, immuable. C'est ce qui arrive avec un *avatar*. En outre, chaque incarnation apparaît en accord avec les besoins de la société de l'époque. Les problèmes du monde d'aujourd'hui, les solutions et leur mise en œuvre sont très différents de ceux de l'époque de Rama ou de Krishna. »

Amritatma, qui traduisait les paroles d'Amma, se rappela que quelques mois plus tôt, en Inde, Amma avait un jour en passant fait référence à elle-même au milieu d'une conversation et dit : « Les saints et les sages ont effectué de longues années de dures austérités (*tapas*) pour réaliser Dieu. Dieu est là, au milieu de vous. Mais combien de gens s'en soucient ? »

New York

« Je suis ta Mère »

Au cours du premier programme à New York, au tout début du *darshan*, Amma montra du doigt un petit garçon blond, assis près de son père à l'autre bout de la pièce, et dit à Amritatma : « Cet enfant n'a pas de mère. Amma éprouve beaucoup d'amour et de compassion pour lui. » Le garçon n'était pas encore venu au *darshan*, et personne ne lui avait rien dit à son sujet.

Au bout d'un moment, Amma, en jouant, lui lança à travers la pièce un « *chocolate kiss* » (aux États-Unis Amma donne de petits chocolats appelés « baisers en chocolat » comme prasad).

Le garçon sourit et mangea le chocolat. Peu après, Amma lui en jeta un autre, mais à mi-chemin entre elle et lui. Il s'approcha ainsi un peu d'Amma pour recevoir sa seconde gâterie. Amma recommença ce manège plusieurs fois encore et lorsqu'il fut assez près, elle l'attrapa. Ils rirent tous les deux. L'enfant sentit aussitôt un lien fort avec Amma.

Son père, Larry Richmond (Arun) vint au *darshan* et expliqua que la mère de Jason, son fils, était morte alors qu'il n'avait que huit mois. Il avait maintenait six ans et se réveillait souvent la nuit en pleurant, en demandant pourquoi il n'avait pas de mère. Amma prit Jason dans ses bras et lui dit : « Jason, je suis ta mère ! » Jason regarda Amma, tout étonné. Il crut qu'elle voulait dire qu'elle était sa mère biologique. Son visage s'illumina de joie. Pour la première fois de sa vie, il recevait l'amour inconditionnel d'une mère.

Larry confia également à Amma que Jason souffrait d'épilepsie, qu'il avait des accès fréquents et que les médicaments ne l'aidaient pas du tout. Amma dit à Larry de continuer à lui faire prendre les remèdes. Elle lui donna un morceau de bois de santal et lui indiqua comment l'utiliser. Il suivit les instructions à la lettre et depuis, Jason n'eut plus jamais d'autre crise.

L'humilité d'un sadguru

Un soir, lors d'un *darshan* à la cathédrale *St John the Divine* à New York, quelqu'un demanda à Amma :

« Amma, en Californie, je t'ai entendu parler de l'humilité d'un vrai Maître. Tu as dit qu'un *sadguru* n'avait aucun sens de l'ego et qu'il se prosternait devant l'ensemble de la création. L'humilité est-elle partie intégrante d'un Maître réalisé ? »

Amma : « Un Maître est au-delà de tout. Mais l'humilité sera toujours une des qualités fondamentales qu'il ou elle manifeste. Le Maître est humble parce qu'il perçoit que tout est Dieu et adore le Suprême dans l'ensemble de la création. On peut donc dire qu'un *sadguru* est toujours en prière, en adoration. Il se prosterne devant toute chose et l'ensemble de la création se prosterne en retour devant lui.

Aucun changement intérieur n'est possible auprès d'une personne égoïste. Le *sadhak* (chercheur spirituel) ne connaîtra aucune transformation si le sentiment du « moi » et du « mien » prédominent chez le maître. Ces soi-disant *gurus* ne créent autour d'eux que la peur et l'angoisse, ce qui barre le chemin à toute possibilité de transformation.

Il y a eu dans le monde de nombreux rois cruels et des dictateurs qui ne se souciaient que de leur propre intérêt. Au cours de leur règne, la terreur dominait et le cœur des gens était fermé. Mais il y a eu aussi beaucoup de grandes âmes qui ont illuminé la vie d'innombrables personnes sans autre moyen que leur humble présence. Auprès de tels êtres, toute trace de peur disparaît. Le vrai Maître est au-delà de l'égoïsme. L'humilité véritable crée une vibration d'amour et de compassion qui engendre à son tour les conditions nécessaires pour un épanouissement spirituel. C'est pourquoi l'atmosphère la plus favorable à l'épanouissement de votre cœur est la présence d'un *sadguru*.

Un Maître demeure éternellement dans le Soi, sans être affecté par les différentes expériences de la vie. Vous remarquerez que le Maître est d'une humilité et d'une simplicité extrêmes, que l'amour, la compassion et la patience qu'il manifeste sont inimaginables, et pourtant il n'est rien de tout cela, car il est au-delà de toutes les qualités. Il maîtrise le mental et les sens, ce qui lui donne la faculté illimitée de se concentrer sur une des qualités divines et de la manifester parfaitement et complètement, en l'exprimant à sa manière. Mais l'instant d'après, il peut s'en détourner, sans en être le moins du monde affecté, avec un détachement total. Bien qu'un Maître soit humble pour montrer l'exemple, il est impossible de le juger comme étant ceci ou cela. Certes, il est humble, mais il est en même temps au-delà de l'humilité.

Un chercheur spirituel doit apprendre l'humilité, car cette disposition permet au disciple qui est en lui de naître. Sans l'éveil de cette qualité, le Maître ne peut pas vraiment entrer dans votre vie.

C'est l'éveil du disciple en vous qui amène le Maître. Votre soif intense de connaître la Vérité donne naissance au disciple intérieur. L'amant en vous s'éveille et la bien-aimée apparaît alors. Sans l'amant, il n'y a pas de bien-aimée ; sans disciple, il n'y a pas de Maître. Le Maître existe bien, mais pas dans votre vie.

Le disciple a l'attitude d'un débutant, il accepte son ignorance et il en est conscient. Cette humilité le rend ouvert et réceptif à la vraie connaissance, que le Maître lui transmet alors. L'humilité est le portail qu'il faut franchir pour devenir un vrai disciple. Le Maître donne lui-même l'exemple parfait de l'humilité.

Sans la moindre hésitation, Sri Rama toucha les pieds de Sa belle-mère, Kaikeyi, et demanda sa bénédiction avant de partir pour quatorze ans d'exil dans la forêt. Bien que Kaikeyi fût responsable de Son départ, Rama était assez humble pour Se prosterner devant elle avec amour et respect, sans la moindre colère, sans le moindre désir de vengeance.

Regardez l'exemple de la vie de Sri Krishna. Il était parfaitement conscient de Sa divinité, Il savait qui Il était. Il lava pourtant humblement les pieds de tous les saints et les sages qui vinrent participer au *rajasuya* organisé par Yudhisthira, l'aîné des frères Pandavas. Rappelez-vous aussi comment, juste avant de quitter Son enveloppe mortelle, Il accorda *moksha* (l'état de libération) au chasseur qui fut l'instrument de Sa fin terrestre. Amma a entendu dire que la nuit qui précéda la crucifixion, le Christ lava les pieds de Ses apôtres et les embrassa, sans exclure Judas qui L'avait trahi pour trente deniers d'argent. »

Une Amma se cache en chacun de nous

Question : « Amma, ces grandes âmes ont inspiré et élevé l'humanité par leur sacrifice et l'exemple de leur vie. Mais leurs nobles actes ont-ils une signification « intérieure » ?

Amma : « Tout être humain, même s'il fait preuve de cruauté ou d'égoïsme, a la capacité de trouver l'illumination. Cette faculté est latente en chacun. Amma voit une Amma cachée en chacun de vous. Il y a un Krishna, un Rama, un Bouddha ou un Christ en vous. La lumière de Dieu pourrait se lever en vous à tout instant ; elle attend seulement l'occasion favorable. Les grands Maîtres voient cette lumière cachée qui attend de se révéler, de jaillir en brisant les murs de l'ego. Ils voient à l'intérieur de chacun un futur Krishna, Rama, Bouddha ou Christ. Voyant en vous la Mère divine, Amma se prosterne devant Son propre Soi, devant Dieu. C'est ce que les grands Maîtres ont toujours fait. Ils voient clairement le Divin en vous, mais votre manque de conscience vous empêche de le discerner. Les Maîtres peuvent voir la Lumière divine en vous, c'est pourquoi ils se prosternent devant vous. Sans la faculté de percevoir cette lumière en chacun, vous ne pouvez pas être vraiment humble. C'est l'expérience du Soi qui vous rend naturellement humble dans toutes les situations. Lorsque vous voyez Dieu en tout, vous êtes constamment en adoration. Quand le sentiment de « l'autre » disparaît, votre vie entière devient un acte d'adoration, une forme de prière, un chant de louanges. « L'autre » disparaît et, à sa place, vous contemplez chez la personne qui se tient devant vous l'état latent d'illumination, le Soi. Vous éprouvez alors un profond respect pour elle. Dans cet état, rien pour vous n'est insignifiant ; toute chose a une place bien définie. Vous voyez la lumière divine briller dans un simple brin d'herbe. »

Amma elle-même est l'incarnation vivante de ce qu'elle enseigne. Avant de commencer le *darshan*, elle se prosterne devant tous et elle se prosterne de nouveau à la fin du *darshan*. Elle accepte les offrandes que les dévots lui apportent en les portant à son front avec respect et gratitude, qu'il s'agisse d'un objet de valeur, d'un fruit ou d'une simple feuille.

Qui n'a pas vu Amma adorer ses enfants à la fin du *Devi Bhava* en répandant sur eux une pluie de pétales ? Qui ignore qu'Amma est allée rendre visite à l'homme qui avait essayé de la tuer, alors qu'il se mourait à l'hôpital ? Qui ignore comment elle l'a nourri de ses propres mains ?

Des milliers de gens ont vu Amma soigner Dattan, le lépreux, avec sa salive. Dans les premières années, à la fin du *Devi Bhava*, les dévots formaient un cercle autour du petit temple et Amma dansait alors trois fois autour du temple, en touchant et en bénissant les personnes devant lesquelles elle passait. Dattan attendait Amma derrière le temple, avec deux cruches d'eau. Lors de son troisième passage, elle s'arrêtait devant lui, versait l'eau sur son corps, et lui donnait un bain.

Une année, à Seattle, Amma rentra vers trois heures et demie du matin, après de nombreuses heures de *darshan*. Alors qu'elle empruntait l'allée du jardin pour arriver à la maison, elle fit soudain un bond en arrière en disant qu'elle avait marché sur quelque chose. Elle se baissa et trouva un escargot qu'elle avait touché de son pied et qui était légèrement blessé. « Oh non ! » s'exclamat-elle, « Le pauvre ! » Elle le ramassa et le tint au creux de ses mains. Elle regarda tristement le petit escargot, et dit : « Bientôt, la compagne de cette pauvre créature va le chercher. Elle sera très inquiète et se demandera ce qui lui est arrivé. » Amma regarda l'escargot quelques minutes encore. Puis elle ferma les yeux, le porta à son front et le déposa doucement sous une plante avant d'entrer dans la maison.

Bien qu'Amma soit unie à Dieu, elle adore tout être de la création comme une manifestation de Dieu. Quel plus noble exemple nous faudrait-il pour être inspiré ?

Stamford, Connecticut

Le dernier programme aux États-Unis se déroula dans une petite maison près de Stamford, dans le Connecticut. Amma donna le *darshan* assise sur une caisse de lait retournée, sur laquelle on avait étendu un *asana*.

En fin d'après-midi, elle médita près d'un lac avec les dévots. Des essaims de moustiques agressifs harcelaient le groupe et dérangeaient tout le monde. Il était difficile de rester immobile. Amma seule n'était pas affectée. Entourée d'un nuage de moustiques, elle était parfaitement tranquille, absorbée en elle-même, le visage resplendissant de sérénité.

Amma est toujours avec vous

La première tournée d'Amma aux États-Unis se terminait. La veille de son départ, elle se tourna vers une jeune femme, dans la maison où elle logeait, et lui demanda : « Pourquoi es-tu triste ? »

« Parce qu'Amma part. » répondit la femme.

« Où ? » fut la réponse immédiate d'Amma.

Du Connecticut, Amma alla par la route jusqu'à l'aéroport JFK de New York, où un groupe de dévots l'attendait, en larmes, pour lui dire au revoir. Avant de passer le contrôle des passeports, Amma serra chacun tendrement dans ses bras.

Elle leur dit : « Mes enfants, Amma est toujours avec vous. Chaque fois que vous pensez à elle, Amma peut clairement voir votre visage. Et savez-vous, quand Amma est à l'ashram en Inde, chaque nuit, avant de s'allonger, elle va vers ses enfants du monde entier. Les enfants d'Amma sont ses cygnes et, comme une gardienne, Amma veille sur eux et ramène tout cygne égaré sous sa protection. Vous êtes tous des bébés oiseaux, et Amma vous garde sous son aile. »

Comme Amma allait passer au guichet de contrôle des passeports, plusieurs personnes du groupe crièrent : « Amma, s'il te plaît, reviens ! » Elle les regarda avec beaucoup d'affection et dit : « Ne vous inquiétez pas, mes enfants, Amma reviendra. » Elle les salua, les mains jointes au-dessus de la tête, et dit doucement en anglais : « *My children* ... »

Ayant ainsi semé les graines de la spiritualité dans le sol des États-Unis d'Amérique et dans le cœur de ceux qui étaient venus la voir, Amma partit pour l'Europe. Mais sa présence subtile demeurait auprès de ses enfants.

En peu de temps, Amma avait profondément transformé les gens. Leur vision de la vie avait changé. Elle n'avait pas donné de conférences érudites ni prononcé de discours fleuris. C'est par un contact simple et innocent, l'amour universel qu'elle répand sur tous, sa présence, son toucher, qu'Amma était entrée à jamais dans leur cœur. Elle parlait dans sa langue maternelle, le malayalam, mais la langue ou la nationalité n'était pas une barrière. Dans ses bras aimants, les gens épanchaient spontanément leur cœur. Ils s'ouvraient simplement. Ils comprenaient que chaque geste d'Amma était un message divin. Ses yeux et son sourire leur parlaient. Chacune de ses respirations semblait apporter quelque chose de divin. Son être entier, silencieusement, communiquait avec eux.

L'Europe

Amma arriva à Paris au matin du 15 juillet 1987. Sarvatma (Jacques Albohair) et quelques autres dévots vinrent l'accueillir à l'aéroport. Quand ils virent Amma approcher, les dévots la contemplèrent, immobiles, émerveillés. Ils ne connaissaient pas la coutume indienne qui consiste à passer une guirlande au cou du *guru*. Ils regardaient Amma avec innocence, sans savoir quoi faire. Amma les salua avec beaucoup de chaleur, comme des enfants perdus depuis longtemps. En attendant le passage des bagages à la douane, elle s'assit par terre dans un coin de l'aéroport et embrassa tout le monde. Elle posa à chacun des questions au sujet de sa santé, de son lieu d'habitation, etc. Elle se mit à leur niveau et leur parla ainsi, juste pour briser la glace et leur donner un sentiment de familiarité avec elle.

Une fois le transport des bagages organisé, les dévots conduisirent tout le monde chez Cathy et Daniel Demilly, à Dourdan, dans la banlieue parisienne. Quelques personnes attendaient Amma dans la maison. Amma les embrassa, leur parla un moment, puis se retira dans sa chambre pour se reposer.

Le premier *darshan* eut lieu dans la salle à manger, plus tard dans l'après-midi. Environ quarante personnes étaient présentes. Amma s'assit par terre et appela les dévots un par un. Elle consacra cinq à dix minutes à chaque personne, la tenant dans ses bras, la caressant, lui appliquant de la cendre sacrée sur le front, donnant à chacun un bonbon, parlant et posant des questions. Nombreux étaient ceux qui versaient des larmes en sa présence, hommes ou femmes, jeunes ou vieux. Ils étaient profondément émus car ils voyaient bien qu'Amma connaissait tout d'eux, le moindre détail de leur vie, leur passé et leur futur, chacune de leurs pensées. Et pourtant, il n'y avait pas trace en elle de jugement, rien qu'un amour sans limite et inconditionnel sur lequel on ne pouvait se méprendre ; un amour plus grand que tout ce qu'ils avaient jamais rencontré auparavant. Chacun avait le sentiment d'être l'enfant le plus précieux d'Amma.

En fin d'après-midi, Amma se retira dans sa chambre où elle reçut les personnes qui souhaitaient lui parler en privé.

Comme aux États-Unis, presque tous les programmes du matin se déroulèrent chez des particuliers, tandis que ceux du soir eurent lieu dans différentes salles.

Paris

Affronter les problèmes

À Paris, un dévot confia à Amma qu'il voulait changer de travail, à cause des situations de stress auxquelles il était confronté. Il dit : « Amma, je suis impuissant et troublé quand il me faut faire face à tant de tension. Que dois-je faire à ton avis ? »

Amma : « Lorsque vous êtes confrontés à une situation difficile, votre première réaction est de chercher à y échapper, à l'éviter et à fuir. Les gens croient pouvoir ainsi se débarrasser de leurs problèmes mais cela ne fonctionne pas ainsi. Ils peuvent peut-être y échapper un moment mais tôt ou tard, les mêmes difficultés ressurgiront, plus fortes encore qu'auparavant.

Comprenez que les situations extérieures n'ont pas le pouvoir de vous blesser. C'est seulement quand le mental interprète la situation que la souffrance surgit de l'intérieur comme une bulle. Une situation devient un problème quand vous l'interprétez de manière erronée. Le but est de ne pas laisser le mental interpréter ou commenter les situations extérieures. Ce n'est possible que si vous apprenez l'art d'être témoin.

Mes enfants, vos problèmes ne viennent pas des circonstances extérieures ; vous ne pouvez pas les éviter car elles font partie de la vie. Par exemple, un beau matin, une femme âgée arrive chez un couple. Le mari, en la voyant, se réjouit. « Oh, maman, que je suis heureux de te voir ! » Mais sa femme ne montre aucune joie en apercevant sa belle-mère. Comment expliquez-vous cela ? Comment la même personne peut-elle provoquer des réactions aussi différentes chez ces deux êtres ? Elle n'a rien fait d'autre que de franchir la porte ! Ce n'est qu'une situation. Mais pour une personne elle devint source de joie, pour l'autre source de tristesse. Pour l'une c'était un problème, pour l'autre c'était le contraire. Le but est donc de ne pas laisser le mental interpréter ou commenter les situations extérieures. Mais notre mental est si faible et si critique que nous sommes naturellement victimes des situations et sombrons dans l'illusion. Le problème survient quand vous réagissez de manière négative aux situations. En d'autres termes, la racine de tous vos ennuis est en vous-même. Éliminez les plis du mental, là où gît la source du problème, et les faux-plis extérieurs disparaîtront automatiquement.

Des étudiants viennent dire à Amma : « Amma, mon examen m'a posé un grand problème. » Amma leur demande : « Où est le problème ? Est-ce le sujet ? Non, car d'autres étudiants ont très bien réussi sur le même sujet. La vraie difficulté, c'est toi, car tu n'as pas étudié comme il fallait. Cela a donc été un problème pour toi, mais pas pour ceux qui se sont appliqués et ont étudié cette matière. »

Beaucoup de gens confient à Amma qu'ils ont des difficultés avec leur femme ou leur mari. Mais cette femme ou ce mari sont souvent pour d'autres de bons amis, une sœur ou un frère, et un parent plein d'amour pour leur enfant. Pour les Pandavas, Krishna était un bon ami, tandis que les Kauravas Le considéraient comme leur ennemi. De même, ceux qui croyaient en Jésus voyaient en Lui leur ami bien-aimé et leur sauveur, tandis que pour d'autres, Il était une menace. Diriez-vous que Jésus ou que Krishna était le problème ? Non, le problème était chez les Kauravas et chez ceux qui doutaient de Jésus.

En Occident, les gens se fréquentent pendant longtemps puis, s'ils s'apprécient, ils se marient et ont des enfants. Ils sont heureux quelque temps, mais les difficultés surgissent bientôt. Des conflits provoqués par la peur et la colère se manifestent. Comme les deux époux souhaitent échapper à la situation et la fuir, ils finissent par se séparer. Après le divorce, ils vivent un moment de souvenirs doux ou amers, mais ils se mettent bientôt à fréquenter quelqu'un d'autre, et le même cycle d'expériences recommence. Songez combien cela est fréquent. Les gens s'insultent ou critiquent les défauts et les faiblesses de l'autre. Ils n'ont pas conscience que le problème est en eux.

Vous pouvez quitter quelqu'un aujourd'hui et courir d'un mariage à l'autre en espérant avoir enfin laissé vos ennuis derrière vous ; mais sous peu vous retrouverez la même personne, c'est-à-dire quelqu'un qui a les mêmes faiblesses et le même niveau de conscience, mais dans une autre enveloppe et dans une situation différente. Il se peut même que vous trouviez pire. L'apparence extérieure a changé, mais pas le contenu, le niveau de conscience à l'intérieur de l'enveloppe. C'est que *vous* n'avez pas changé. Le niveau de conscience des partenaires que vous choisissez est donc le même. Seule l'apparence extérieure est différente.

À moins de changer considérablement votre état de conscience, et par conséquent votre attitude, vos problèmes ne seront jamais résolus. Ils continueront à se manifester partout et à vous déranger sans cesse. Votre mental continuera à vous persuader de fuir la situation, en vous trompant par de fausses promesses concernant l'avenir.

C'est en modifiant une idée fausse mais très généralement répandue, l'idée que l'origine de vos problèmes se trouve dans les circonstances extérieures, que vous pouvez surmonter vos difficultés une fois pour toutes. Comprenez qu'elles résident dans votre mental. Quand vous en avez pris conscience, vous pouvez remédier à votre faiblesse intérieure. La méditation est la méthode employée dans ce but. Seuls le silence intérieur, la tranquillité et la détente que vous obtenez par la méditation vous aideront. »

À la demande d'Amma les *brahmacharis* chantèrent ensuite ce *bhajan* :

Shakti Mahadevi

Salutations à Shakti, la grande Déesse
Que l'on atteint grâce à la dévotion
Salutations à la Graine,
L'unique Vérité,
La Conscience infinie et parfaite.

Ô Lotus divin
Toi l'œil gauche de Shiva,
Toi qui exauces les désirs
Souveraine de l'univers
Tu brilles au cœur de toute chose,
Protège-moi.

Tu es la Déesse des êtres célestes,
Tu les protèges de la souffrance,
Toi qui es pure
Tu protèges même le Seigneur de l'océan de lait.

Le Créateur ne fait son travail
Qu'à cause de Ton regard
Salutations à Toi qui jaillis de Brahma
Sous la forme de Sarasvati
La graine de l'univers entier.

La création, la préservation et la destruction
S'effectuent sur Ton ordre
Ô Toi qui détruis l'ego aux huit visages,
Toi qui aimes le son de la vina
Lorsque Tu es en colère, Tu aimes aussi le sang.

Tu es le Véda,
L'Absolu,
Tu demeures en tous les êtres vivants,
Tu es l'ultime libération.

L'optimisme

Une femme vint un soir au *darshan* et confia à Amma qu'elle avait perdu presque tout espoir en la vie. Amma répondit : « Ma fille, tant que tu peux faire confiance à Dieu, pourquoi abandonner ? Il peut t'arriver de penser que toutes les portes sont fermées, qu'il n'y a pas d'issue. Mais si tu regardes attentivement, tu verras que bien des portes sont encore grande ouvertes. Tu te concentres uniquement sur celles qui sont fermées et tu manques celles qui te sont ouvertes.

Dieu et la vie sont une seule et même chose. Tu es l'enfant de Dieu. Il ne fermera jamais toutes les portes devant toi. Son amour infini et Sa compassion ne Lui permettraient pas d'être cruel à ce point. Dieu garde toujours plus d'une porte ouverte. Elles peuvent paraître fermées mais en réalité, elles sont restées légèrement entrouvertes. Il suffit de frapper un petit coup pour qu'elles cèdent. Mais l'ignorance nous aveugle et nous ne voyons pas les portes ouvertes à travers lesquelles la grâce de Dieu se répand sur nous.

Mon enfant, ne perds jamais courage. Ne perds jamais ta confiance en Dieu ni en la vie. Reste toujours optimiste, quelle que soit la situation. Il est très important d'être optimiste. Le pessimisme est une forme de ténèbres, une forme d'ignorance qui empêche la lumière de Dieu de se répandre dans ta vie. Le pessimisme est comme une malédiction, une malédiction illusoire créée par le mental illusoire. La vie est remplie de la lumière de Dieu, mais vous n'en ferez l'expérience qu'en étant optimiste.

Regardez l'optimisme de la nature. Rien ne peut l'arrêter. Chaque aspect de la nature apporte infatigablement sa contribution à la vie. La participation d'un petit oiseau, d'un animal, d'un arbre ou d'une fleur est toujours totale. Quelles que soient les difficultés, ils continuent à essayer, de tout leur cœur. Seuls les humains sont pessimistes, et cela engendre de la souffrance.

Amma a entendu raconter l'histoire suivante : un fabricant de chaussures envoya deux représentants sur une île lointaine, où ne vivaient que des primitifs. Ils avaient pour mission d'examiner les possibilités de ventes sur cette île. Quelque temps plus tard, un des vendeurs envoya un message à la société : « Les gens d'ici ne savent même pas ce que c'est que des chaussures ! Ils n'en portent pas ! La situation est sans espoir. Je rentre. » L'autre représentant envoya peu après le message suivant : « Ces primitifs ne portent pas de chaussures. Ils en ignorent tout. Il y a donc un grand marché, cent pour cent de chances ! Envoyez-moi la première cargaison. »

Amma sait qu'il n'est pas facile d'être toujours optimiste. Vous demanderez peut-être comment il est possible de toujours garder son optimisme face aux difficultés et aux chagrins de la vie. C'est difficile, il est vrai ; mais en étant pessimiste, vous allez vers plus de désespoir et de ténèbres. Votre force mentale et votre lucidité faiblissent et dans les ténèbres du pessimisme vous vous sentez abandonné et seul. L'optimisme est la lumière de Dieu. C'est une forme de grâce qui vous permet d'être plus réceptif et d'avoir une vision plus claire de la vie. »

La patience et l'enthousiasme

Une femme qui se trouvait depuis longtemps sur la voie spirituelle dit à Amma : « Amma, je pratique la méditation depuis 1973, mais je ne vois aucun progrès. Parfois je suis si déçue que je cesse de faire ma *sadhana*. Peux-tu me donner un conseil ? »

Amma sourit et demanda : « Pas de progrès du tout ? »

La femme répondit : « Eh bien, en réalité il y a eu quelque progrès. »

« Quel progrès ? Peux-tu en parler ? » lui demanda Amma.

« Je vais essayer. » La femme réfléchit un moment. « J'étais auparavant très susceptible, très vulnérable. Mais depuis que j'ai commencé à méditer et à faire d'autres pratiques spirituelles, je pense que j'ai acquis plus de courage et de confiance en moi. »

« Tu penses, dis-tu. Ma fille, cela signifie que tu n'en es pas très sûre. »

La femme fut troublée. Elle dit : « Amma, on dirait un interrogatoire ! »

Amma rit et répliqua : « Oui, Amma explore et examine ton for intérieur. Elle essaye d'extraire l'ancien pour créer le nouveau. »

Elle regarda la femme avec beaucoup d'amour. Elle la prit dans ses bras et l'étreignit avec affection.

« Ma fille, un chercheur spirituel doit posséder beaucoup de patience et d'enthousiasme. Certains sont patients mais manquent d'enthousiasme ; d'autres ont de l'enthousiasme mais pas de patience. Seul un parfait équilibre entre les deux aidera le chercheur à approfondir son expérience.

Regarde les jeunes. Ils ont de l'enthousiasme pour entreprendre mais ils n'ont pas la patience de réfléchir avant d'agir. C'est la patience qui ouvre la porte du discernement. Mais les jeunes, dans leur enthousiasme sans modération, ont tendance à se précipiter dans l'action en omettant la réflexion préalable nécessaire. Leurs sens sont forts et sains et leur mental égoïste les attire vers l'exaltation et l'aventure ; mais leur manque de patience et de discernement les plonge souvent dans les difficultés.

Par contre, les personnes âgées qui ont plus de soixante ou soixante-dix ans sont en général très patientes, mais elles manquent d'enthousiasme. La vie leur a appris à être patientes, à agir avec plus de discernement. Elles sont donc beaucoup plus réfléchies mais elles n'ont pas l'enthousiasme nécessaire pour agir. Elles ne peuvent être aussi enthousiastes que des adolescents car leurs sens se sont affaiblis, leur force a diminué et elles ne frémissent plus d'excitation devant la vie.

Regarde un bébé qui tente de se mettre debout et de marcher. Il tombe d'innombrables fois, toutes ses tentatives échouent ; il se fait mal au genou, se cogne la tête par terre et il pleure. Mais il essaye obstinément de se relever et de marcher, jusqu'à ce qu'enfin il réussisse. L'enfant échoue, non pas une, mais de très nombreuses fois, mais il est à la fois patient et enthousiaste. Ce sont ces qualités qui lui permettent finalement de réussir.

Un autre point important, ce sont les encouragements que l'enfant reçoit constamment de sa mère. Heureusement pour lui, sa mère le soutient sans cesse en paroles et lui insuffle force et courage. Dès qu'il tombe, les mains aimantes de sa mère sont là pour le relever. Elle l'embrasse et le caresse en disant : « Ne pleure pas, ce n'est rien. Maman est là. » Elle le remet par terre et le persuade d'essayer de nouveau. Cela se produit d'innombrables fois avant que l'enfant soit enfin capable de se tenir sur ses jambes et de marcher d'un pas ferme.

Les paroles de soutien et de réconfort de la mère, ses caresses apaisantes aident l'enfant à se développer. Son amour donne à l'enfant la force intérieure dont il a besoin. De même, un *sadhak* a besoin de la patience et de l'enthousiasme d'un enfant, mais par-dessus tout, il lui faut la présence aimante et les encouragements du *sadguru* pour le guider vers le but. C'est cette présence qui l'aide à se montrer patient, optimiste dans les moments de frustration où il perd espoir et songe à abandonner la *sadhana*.

Mes enfants, vos *vasanas* sont extrêmement fortes et profondément enracinées. Elles tenteront sans cesse de vous faire chuter mais ne perdez jamais espoir. Soyez déterminés et avancez.

Imaginez que quelqu'un soit resté assis dans une pièce obscure pendant longtemps, puis sorte un jour à la lumière du soleil. Au début, la personne trouve difficile de s'habituer à la lumière. Il faut du temps pour que les yeux s'y adaptent. De même, nous avons vécu en ce monde en croyant que nous étions le corps. Nous nous sommes identifiés à lui au point qu'il est très difficile de briser cette identification, maintenant que nous nous y efforçons. Nous sommes tellement habitués aux ténèbres de notre ignorance que nous trouvons laborieux d'en sortir pour voir la lumière de Dieu.

La force de nos *vasanas* et d'habitudes immémoriales est telle que nous ne pouvons pasqu'il n'est pas facile de se libérer de leur emprise. Dès que la situation survient, les *vasanas* se manifestent automatiquement. Amma va vous raconter une histoire.

Il était une fois deux enfants, un frère et une sœur. Un jour ils jouèrent à se déguiser et se parèrent de couronnes en papier. Ils firent semblant d'être le roi et la reine du pays. Ils allèrent frapper chez la voisine. « Qui est-ce ? » demanda-t-elle. « Ce sont le roi et la reine. » répondirent les enfants. La voisine décida d'entrer dans leur jeu. Elle ouvrit grand la porte et dit : « Vos Majestés ! Quel grand honneur ! Si j'avais su que vous veniez, j'aurais déployé le tapis rouge et appelé les trompettes. » « Cela ne fait rien, » dirent les enfants, « laissez-nous simplement entrer et donnez-nous quelque chose à manger. » La femme les fit donc entrer et leur avança deux chaises. « Vos Majestés, veuillez prendre place sur ces trônes. » dit-elle. Le « roi » et la « reine » s'assirent avec beaucoup de dignité. La voisine leur apporta des biscuits qu'elle avait confectionnés elle-même et du lait. « Voici quelques friandises royales » dit-elle. Le roi et la reine approuvèrent d'un signe de tête. Les biscuits étaient très beaux, ils avaient la forme de différents animaux. Il y avait des ours, des chats, des poissons, des canards et des agneaux, mais il n'y avait qu'un seul éléphant. Et comme il n'y avait qu'un biscuit en forme d'éléphant, le roi et la reine le voulurent tous les deux. Ils cherchèrent tous deux à s'en emparer, mais la reine fut plus rapide, ce qui mit le roi dans une telle colère qu'il jeta son lait sur la reine, laquelle attrapa une poignée de biscuits et les lança sur le roi. Ils ne tardèrent pas à se bombarder de biscuits, puis ils sautèrent de leur trône et se battirent pour de bon. Leurs couronnes tombèrent et leurs vêtements se déchirèrent. Ce n'étaient plus le roi et la reine du pays, mais deux enfants qui se battaient pour un biscuit.

Seule une pratique constante effectuée avec beaucoup de patience et d'enthousiasme vous permettra de surmonter vos tendances latentes et vos vieilles habitudes. Mais par-dessus tout, vous avez besoin de la grâce et de la conduite aimante d'un *sadguru*. N'abandonnez jamais vos pratiques spirituelles dans un moment de frustration ou de déception. Quelle que soit la forme de *sadhana* que vous suivez, le résultat ne sera pas perdu. Ce que vous avez obtenu restera vôtre et portera ses fruits le moment venu. »

Amma ferma les yeux et se plongea en méditation. Au bout d'un moment, elle ouvrit les yeux et se mit à chanter.

Karunalaye devi

Ô Déesse
Demeure de compassion,
Toi qui exauces tous nos désirs,
Ô Katyayani, Gauri, Shambhavi, Shankari[4]!

---

[4] Noms de la Mère divine.

Ô Mère chérie,
Essence du Aum,
Tu adores le son Aum
Ô Mère, lorsque Tu entends le mantra « Om Shakti »
Tu accours !
Ô Puissance suprême,
Illusion universelle.

Tu es la cause de la création,
De la préservation et de la destruction de l'univers.
Ô Mère, tout est Toi,
Tu es tout,
Il n'existe rien d'autre que Toi
Ô Mère, cet implorant n'a pas d'autre soutien
Que Toi, Soi de toute béatitude
Ô Soi de béatitude, accorde-moi Ta bénédiction.

Zurich

Ici et maintenant

À Zurich, Amma logea chez Heidi Fürer, où eut lieu le premier programme. Heidi était venue voir Amma à l'Ashram en 1981.

Bien que ce fût l'été, il faisait froid à Zurich. Les *brahmacharis* et les Indiens qui voyageaient avec le groupe n'étaient pas habitués à ces températures. Ils portaient gilets et bonnets, mais cela ne les réchauffait guère. Ils avaient si froid qu'il leur était difficile de s'extraire de leur sac de couchage le matin.

Au cours du premier programme, un jeune homme posa à Amma la question suivante : « La plupart des maîtres spirituels disent à leurs disciples d'oublier le passé et le futur et de vivre dans le moment présent. Ils enseignent différentes techniques qui permettent aux gens de parvenir à vivre dans l'instant. Nous sommes malheureusement pour la plupart englués dans le passé et nous nous inquiétons sans cesse du futur. Comment est-il possible pour des êtres ordinaires, qui se demandent comment payer leurs factures, leur assurance, leur loyer, leurs mensualités pour la maison ou encore comment financer les études de leurs enfants, de cesser de s'inquiéter des besoins fondamentaux et en même temps de demeurer dans une paix parfaite ? N'est-ce pas le souci du futur qui pousse une personne à travailler, à gagner de l'argent, à s'assurer que ses besoins sont satisfaits et à remplir correctement ses devoirs ? Est-ce que ce ne sont pas les expériences passées qui l'incitent à être prudent, à faire attention de ne pas répéter les mêmes fautes ? Dans ces circonstances, comment serait-il possible à quelqu'un de vivre dans le moment présent, en oubliant complètement le passé et le futur ? »

Amma : « La manière dont tu décris les inquiétudes de la plupart des gens est parfaitement juste. Personne ne peut nier la réalité des soucis quotidiens d'un être humain ordinaire. Les expériences passées aident certainement une personne à modeler son futur. Il est vrai également que les rêves qu'elle nourrit pour son futur la poussent à travailler pour les réaliser. La vraie question demeure cependant : « Lorsqu'on regrette le passé ou que l'on se soucie du futur, en retire-t-on le moindre bienfait ? » Vous pouvez planifier votre futur en fonction des expériences et des leçons du passé, mais il est inutile de demeurer dans le passé ou dans le futur.

Vous pouvez prévoir votre dîner, mais pas en préparant le déjeuner. Ne songez pas à la quantité de sel que vous mettrez dans le repas du soir en salant la soupe que vous êtes en train de préparer. Et ne regrettez pas d'avoir raté la soupe d'hier. Concentrez-vous simplement sur celle que vous avez maintenant sur le feu. Vous voulez qu'elle soit bonne et saine, n'est-ce pas ? Alors soyez vigilant, conscient de l'instant présent.

L'enseignement qui consiste à vivre dans le moment présent peut être considéré sous deux angles différents : celui d'une personne ordinaire, qui a des responsabilités professionnelles, sociales et familiales, et celui du *sadhak* qui ne veut rien d'autre que réaliser Dieu.

Pour une personne ordinaire, qui doit assumer des responsabilités dans le monde, il est impossible d'oublier complètement le passé et le futur, et cela n'est pas nécessaire. Cependant, même dans son cas, elle ne pourra pas remplir correctement ses devoirs dans le présent si le passé et le futur interfèrent trop. Une action se déroule toujours dans le moment présent. Pour l'accomplir correctement, en utilisant tous ses talents et ses capacités, il faut se concentrer totalement sur le travail. Ruminer ou rêver à autre chose sont des perturbations. Avant de commencer, réfléchissez aux fautes commises ou aux échecs subis dans le passé et préparez votre mental au travail que vous allez entreprendre. Faites vos calculs avant de commencer. Mais une fois que le travail a débuté, consacrez-y toute votre attention. Entre-temps, si vous avez besoin de vous rappeler quelque chose, arrêtez-vous, allez dans le magasin du passé chercher ce qu'il vous faut. Puis, sortez-en, continuez ce que vous faites en y mettant tout votre cœur et toute votre âme. Mais ne restez pas dans vos souvenirs, dans votre passé. Pour s'exprimer pleinement, il faut être présent dans l'instant. Prenez l'exemple d'un peintre qui tente de capturer la beauté d'un paysage. S'il songe à sa bien-aimée pendant qu'il est en train de peindre, son œuvre sera médiocre, car son cœur n'y est pas. Sa concentration est divisée.

Une femme en route pour le marché portait sur la tête un panier d'œufs. Tout en marchant, elle se mit à rêver : « Je tirerai un bon prix de ces œufs. Avec l'argent, je pourrai acheter quelques poules de plus. Elles donneront tant d'œufs que j'aurai bientôt les moyens d'acquérir une vache. Elle produira une telle quantité de lait que je pourrai très vite me payer plusieurs vaches. Avec l'argent de la vente du lait, j'achèterai une ferme. Son revenu me rendra si fortunée que j'aurai les moyens de m'offrir un bel hôtel. Je serai alors si riche que de nombreux jeunes hommes s'intéresseront à moi. Quand je les croiserai dans la rue, je me dandinerai et marcherai ainsi… » Et comme la jeune femme se déhanchait, le panier tomba de sa tête et les œufs se brisèrent sur le sol.

Les êtres humains ont une tendance très forte à songer à l'avenir, à s'envoler sur les ailes de l'imagination. Les rêves appartiennent au futur. Rêver peut vous rendre inactif et incompétent. Cela ne nécessite aucun effort ; si vous n'avez rien d'autre à faire, vous pouvez rester assis et rêver que vous allez sur la Lune, que vous épousez une belle princesse ou que vous triomphez de votre ennemi. La nature du mental est de ruminer le passé et de rêver au futur. Même une personne active et qui d'ordinaire réussit bien peut se trouver prise dans les griffes du passé et du futur. Les gens ignorent combien d'énergie ils gaspillent en se laissant aller à ce genre de pensées. Continuer à penser au passé ou au futur alors que l'on est engagé dans une activité est une faute grave. Vous êtes peut-être aurez beau être très doué, capable de réussir, si vous vous plongez dans une telle rêverie vous tuez la moitié de vos talents, au lieu d'utiliser l'intégralité de vos facultés. Pour fonctionner pleinement, pour que vos actions soient parfaites et complètes, il faut apprendre à vivre dans l'instant présent. Alors la totalité de vos dispositions se manifestera dans toutes vos actions.

Ceux qui ne désirent rien d'autre que réaliser Dieu ne s'inquiètent pas du passé ou du futur. Ils veulent être dans l'instant présent, car c'est là que se trouve Dieu, c'est là que l'on goûte la paix parfaite et la béatitude. C'est en étant dans l'instant présent qu'il est possible de parvenir intérieurement à la tranquillité et à la quiétude parfaites. Le passé et le futur sont des mouvements du mental. Le mental va du passé au futur pour revenir ensuite en arrière, comme un balancier qui oscille d'un côté à l'autre. On découvre le centre réel de l'existence quand le balancier du mental s'arrête. Et le mental atteint un état de tranquillité quand il repose dans le moment présent. Cette immobilité, ce centre, c'est ce qu'un vrai *sadhak* recherche, et c'est pourquoi il ne s'inquiète ni du passé, ni du futur. Il se concentre sur ce qui est « ici et maintenant ». C'est ce que l'on appelle se souvenir de Dieu ; cela n'est possible qu'à condition d'abandonner le passé et de cesser de rêver au futur. Alors le balancier du mental cesse d'osciller, il parvient à un point d'immobilité, et on demeure dans le calme parfait du moment présent. »

Schweibenalp

Amma passa neuf jours à Schweibenalp dans les Alpes suisses. Les gens étaient venus de toute l'Europe pour la rencontrer. Beaucoup de parents avaient amené leurs enfants. La petite salle préparée pour le *darshan* d'Amma était comble. Les participants étaient joyeux et enthousiastes, beaucoup d'entre eux dansaient et chantaient en présence d'Amma comme s'ils étaient au septième ciel. Comme ils étaient originaires de toute l'Europe, les *satsangs* (discours spirituels) d'Amma étaient traduits en anglais, en français et en allemand. Il faisait encore plus froid dans les Alpes qu'à Zurich. Les *brahmacharis* et les dévots indiens se promenaient en claquant des dents, avec des bonnets de laine et plusieurs épaisseurs de pulls.

Les miracles

Pendant le *darshan* du matin, il y eut quelques questions.

« Amma, pourrais-tu nous dire quelque chose à propos des miracles? Qu'est-ce donc exactement qu'un miracle ? »

Amma : « Les miracles sont généralement attribués aux êtres divins. La croyance communément répandue est que seul un être divin peut accomplir des miracles et que ceux-ci sont dans la nature d'une telle âme. Les gens croient même que si quelqu'un n'accomplit pas de miracles, il ne peut être une grande âme, alors qu'en réalité il peut très bien être réalisé. Mais en présence des vrais *mahatmas,* ce qui selon nous constitue un miracle peut se produire ou non, ils ne se soucient guère de ce genre de choses. Ils n'ont rien à gagner ni à perdre en accomplissant des miracles et ne s'inquiètent ni de la gloire, ni de la célébrité ; ils ne désirent plaire ou déplaire à personne. Si cela arrive, c'est bien ; si cela n'arrive pas, c'est bien aussi.

Cependant, de nos jours, la foi des gens repose sur les miracles accomplis par un Maître réalisé ou un être divin. Malheureusement, il existe aussi de soi-disant *gurus* dont la seule intention est d'exploiter et de dominer les êtres ; ils aiment attirer l'attention sur eux en effectuant toutes sortes de miracles en public.

Maîtriser le mental revient à maîtriser l'univers. La création entière est composée des cinq éléments : le feu, l'eau, la terre, l'air et l'éther. Une fois que vous avez réalisé Dieu, tous les éléments sont sous votre contrôle. Ils deviennent vos serviteurs obéissants. Si vous désirez transformer un objet en montagne, il deviendra une montagne. Si vous souhaitez créer un autre monde, c'est également possible. Mais pour cela, il n'est pas nécessaire d'atteindre le point ultime de réalisation. Vous pouvez obtenir ces pouvoirs avant de parvenir à ce stade.

Lorsque vous serez capables de vous concentrer de façon totale sur certains aspects des cinq éléments, et que vous parviendrez à maintenir cette concentration, en séparant l'objet de votre concentration de son essence intérieure, vous connaîtrez l'essence de toute chose et vous en aurez la maîtrise. Vous développerez des *siddhis* (pouvoirs surnaturels) grâce auxquels vous pourrez par exemple lire les pensées, voir et entendre des événements à distance, matérialiser des objets, connaître le passé et le futur, comprendre n'importe quelle langue, y compris le langage des animaux, vous rendre léger comme une plume ou lourd comme une montagne, ou bien vous déplacer dans l'espace à n'importe quelle vitesse ou distance.

Les épopées de l'Inde racontent l'histoire d'un saint nommé Vishvamitra. Avant de devenir un sage, Vishvamitra était roi. Il alla un jour en forêt pour une partie de chasse, accompagné d'un grand nombre de soldats. La chasse terminée, tous étaient épuisés et avaient besoin de repos. Le roi se rappela que le grand sage Vashishta avait un ermitage non loin de là, et il y conduisit ses soldats. Vashishta possédait une vache divine appelée Nandini, capable d'exaucer tous les souhaits du sage. Lorsque le roi Vishvamitra arriva à l'ermitage avec son armée, Vashishta réussit donc en un clin d'œil à leur servir un grand festin, avec l'aide de la vache céleste. Vishvamitra fut émerveillé par les pouvoirs de Nandini. Il songea qu'une créature aussi précieuse devrait appartenir au souverain du pays, c'est-à-dire à lui-même, et non à un sage ayant renoncé au monde et n'ayant donc besoin de rien. Il transmit ses pensées au sage, qui lui permit aussitôt de prendre la vache. Mais quand le monarque essaya de l'emmener, l'animal protesta. Nandini refusa de bouger d'un centimètre. Tous les efforts du roi pour la conduire au palais échouèrent. Celui-ci, furieux, tenta de traîner la vache de force avec l'aide de ses soldats. Mais Nandini répliqua en créant des milliers de soldats en armes qui sortirent de son corps. Dans la bataille qui suivit, les soldats de Nandini battirent l'armée du roi. Comprenant que la vache tenait ses pouvoirs du sage, le monarque, hors de lui, chercha alors à combattre Vashishta. Il se mit à lui lancer des flèches et de puissants missiles. Mais le sage resta impassible. Avec un sourire rayonnant, il restait debout, fermement planté sur le sol, tenant son *yogadanda* (le bâton d'un yogi). Il n'y avait dans l'esprit de Vashishta aucun sentiment d'inimitié, de colère ou de haine, car c'était un vrai sage, ayant dépassé l'ego et tous ses sentiments négatifs. Toutes les armes puissantes que le roi lui lança s'avérèrent inefficaces face à son simple bâton de bois. Vishvamitra fut bientôt vaincu, désarmé. Il en fut profondément humilié. Il prit conscience que bien qu'il fût le souverain le plus puissant de son époque, sa puissance militaire et toutes ses armes n'étaient rien devant un grand sage comme Vashishta, qui possédait un immense pouvoir spirituel, acquis grâce à d'intenses austérités (*tapas*). Le roi retourna au palais écumant de rage. Il abdiqua et se retira dans la forêt pour se livrer à une ascèse sévère. Le seul but de son *tapas* était de se venger du sage.

L'histoire raconte que Vishvamitra pratiqua de sévères austérités, puis retourna dans le monde pour prendre sa revanche sur Vashishta. Mais toutes ses tentatives furent vaines. Il pratiqua de nouveaux *tapas*, intensifiant ses pratiques après chaque nouvel échec. Sans jamais se laisser décourager, il se livrait simplement à une ascèse plus intense. Il développa ainsi de tels *siddhis* (pouvoirs yogiques) qu'il parvint même à créer un autre paradis, un monde de plaisirs éphémères, pour défier Vashishta. Vishvamitra accomplit de nombreux prodiges, mais sa colère obsessionnelle envers le sage et le fait qu'il ne cessait de faire des miracles créaient de nombreux obstacles sur son chemin.

Son attitude finit toutefois par changer, et il parvint enfin à la réalisation. Mais cela ne put se produire qu'après qu'il se fût libéré de tout sens de l'ego, de toute colère, et qu'il eût dépassé les sentiments mesquins du « moi » et du « mien ». Il lui fallut d'abord abandonner ses idées de revanche contre le sage et apprendre à aimer tous les êtres de manière égale ; il dut cesser d'utiliser ses pouvoirs en vue de nuire à autrui et les employer pour le bien de tous, au bénéfice du monde entier.

Cette histoire a deux aspects. Le premier nous montre Vashishta comme un sage authentique. C'était un Maître réalisé. Bien qu'il eût à sa disposition tous les pouvoirs divins, il n'avait pas d'ego. Il n'éprouvait aucun sentiment hostile envers Vishvamitra, qui s'efforçait sans cesse de l'attaquer et de l'humilier. En vérité, l'épopée dit même que Vashishta, malgré les insultes que lui lançait Vishvamitra, loua à plusieurs reprises la grandeur et la détermination de celui-ci.

Il y avait au départ une grande différence entre les deux hommes. Tandis que Vashishta gardait un équilibre mental parfait en toutes circonstances, Vishvamitra, en dépit de tous ses exploits, se consumait de haine à l'intérieur. Vishvamitra se livra à des austérités rigoureuses et acquit d'immenses pouvoirs spirituels. Il pouvait effectuer des miracles fantastiques mais perdait ainsi tous les pouvoirs acquis par son ascèse. Il était également dans une agitation constante, tourmenté par ses idées de revanche sur Vashishta. Il lui fallut donc beaucoup de temps, malgré l'intensité de ses austérités, pour atteindre la libération ultime. Vashishta, par contre, était dans une béatitude et une sérénité constantes. Tout en usant de ses pouvoirs divins quand cela s'avérait nécessaire, il ne perdait rien en le faisant. Vashishta était *purnam*, c'est-à-dire qu'il avait atteint l'état de plénitude. Il ne faisait qu'un avec la puissance cosmique. Son pouvoir spirituel était inépuisable et il n'avait pas d'ego.

Nandini, la vache divine capable de combler tous les vœux, représente la prospérité matérielle (*ashtaishvaryas*). Cela signifie que le monde entier, avec toutes ses richesses, est au service de celui qui est parvenu à la réalisation. Mais comme vous êtes alors au-delà de tout désir, vous employez cette fortune au bénéfice et au progrès de la société entière.

Même si une personne possède des pouvoirs miraculeux, tant qu'elle est sous l'emprise de l'ego et du sentiment du « moi » et du « mien », ces pouvoirs sont inutiles, car sa nature fondamentale demeure inchangée et elle est incapable de changer ou de transformer qui que ce soit. Un tel être ne peut guider personne vers le Divin. Celui qui mésuse de ses pouvoirs est forcément destructeur et nuisible à la société. En utilisant ses pouvoirs pour enfreindre les lois de la nature, il pave la voie de sa propre destruction. En vérité, en faisant des miracles, on bouleverse les lois de la nature. Certes, une âme réalisée a la liberté d'agir ainsi, car elle est unie à la puissance cosmique, mais elle ne le fait que si c'est absolument nécessaire et préfère s'en abstenir autant que possible.

Les *rishis* (les voyants des temps védiques) ont vu les *mantras*, les pures vibrations divines qui représentent les principes essentiels de l'univers, alors qu'ils étaient dans l'état suprême de méditation et que leur esprit était en parfaite harmonie avec l'énergie universelle. Ce sont les *rishis* qui ont révélé ces lois au monde, pour le progrès de la société et le bien de l'humanité.

Le gouvernement d'un pays, avec l'aide de spécialistes, en rédige la constitution, puis les gouvernants doivent eux-mêmes respecter les règles et les lois qu'ils ont créées.

De même, pour montrer l'exemple, les *rishis* doivent respecter les principes essentiels qu'ils nous ont révélés, sans les transgresser ni les enfreindre. Les épopées de l'Inde telles que le *Ramayana*, le *Mahabharata* et le *Srimad Bhagavatam* content l'histoire de nombreux rois, démons, demi-dieux et pseudo-maîtres qui ont eu de grands pouvoirs mais qui étaient uniquement capables de nuire aux autres. Ce n'étaient pas des êtres réalisés, ils étaient encore prisonniers de leur ego, mais ils possédaient certains pouvoirs. Ces pouvoirs occultes ne firent que gonfler leur ego et les mener à leur perte ; ils devinrent une malédiction pour l'humanité. Ils connurent eux-mêmes le malheur et périrent. Quelqu'un peut donc posséder des pouvoirs surnaturels sans être nécessairement réalisé.

La spiritualité n'est pas faite pour nourrir l'ego, mais au contraire pour nous en libérer ; elle nous enseigne à le dépasser. N'importe qui peut développer des pouvoirs occultes en accomplissant certaines pratiques décrites dans les Écritures. Mais la véritable réalisation spirituelle est bien au-delà de ce genre de choses. C'est un état où l'on est libre de tout lien avec le corps, le mental et l'intellect. C'est l'expérience intérieure de la Vérité. Une fois ce point ultime atteint, il est impossible d'éprouver aucun sentiment tel que la colère, la haine ou le désir de vengeance. Dans cet état, vous baignez dans l'amour divin et dans la paix, quelles que soient les circonstances extérieures. Où que vous soyez, vous répandez sur tous cet amour et cette paix. Votre amour, votre compassion et votre sérénité transforment les êtres. Un être éveillé peut métamorphoser un humain ignorant, un mortel, un être ordinaire et en faire un sage, un immortel, Dieu. Tel est le véritable miracle qui se produit en présence d'un *mahatma*.

En transcendant l'ego, vous ne faites plus qu'un avec l'univers. Vous devenez aussi vaste que lui. Vous plongez dans ses mystères les plus intimes pour pénétrer la Réalité ultime et devenez ainsi le maître de l'univers.

En présence d'un Maître, des miracles peuvent se produire spontanément ; c'est une manifestation naturelle de son être. Lorsqu'un être réalisé prend un *sankalpa* (une résolution), il porte ses fruits, c'est inéluctable. Sa pensée se manifeste sans faillir. S'il le désire, il peut transformer n'importe quel objet en ce qu'il veut. »

Question : « Amma, tu as dit que les *rishis* avaient vu les *mantras*. Qu'est-ce que cela signifie ? N'ont-ils pas créé les *mantras* ? »

Amma : « Non, les *mantras* ont toujours existé. Ce sont les principes éternels. Ils sont sans commencement ni fin. Ils n'ont pas été créés, pas plus qu'ils ne seront détruits un jour. C'est pourquoi il est dit que les Védas n'ont ni début, ni fin. Personne ne les a créés. Le texte imprimé n'a pas toujours existé, mais les vibrations divines ou les *mantras* qui composent les Védas ont existé de tout temps. Ils nous ont simplement été révélés par les *rishis*. Lorsqu'on dit qu'ils ont « vu », cela signifie qu'ils ont eu l'expérience des Védas dans leur cœur, alors que leur être entier vibrait à l'unisson du point le plus élevé de l'existence. Ils ont eu l'expérience de ce qui était déjà là. Ils n'ont donc pas créé les Védas (*mantra karta*[5]), il est plus juste de dire qu'ils les ont vus ou qu'ils en ont eu l'expérience (*mantra drishta*[6]).

Lorsque les astronautes ont marché sur la Lune, ils n'ont pas découvert une nouvelle planète. Ils nous ont révélé ce qui existait déjà. Ils ont vu la Lune et ont fait l'expérience d'être sur cette planète, puis, par la parole et par l'image, ils nous ont transmis ce qu'ils avaient vu. C'est la même chose pour les *mantras*. »

Les *brahmacharis* chantèrent *Radhe Govinda Gopi Gopala*, et Amma prit la direction du chant.

Radhe Govinda Gopi Gopala

Ô Bien-aimé de Radha
Seigneur des vaches
Petit Pâtre des gopis
Seigneur des vaches
Petit Pâtre

---

[5] Mantra karta : le créateur ou l'auteur d'un mantra. Le mot sanscrit karta signifie le faiseur ou l'auteur. Les rishis ne sont pas des mantra kartas.

[6] Mantra drishta : celui qui perçoit un mantra. Le mot drishta désigne celui qui voit ou perçoit. Il est dérivé de la racine drish, qui signifie voir. Cela implique que les mantras ont toujours existé sur le plan subtil et que les rishis les ont découverts, les ont perçus. Les rishis sont donc mantra drishta.

Salutations au fils de Nanda
Ô Aimé de Radha
Seigneur des vaches
Petit Pâtre des gopis

Seigneur de Mirabaï
Petit pâtre joueur de flûte
Qui a soulevé la montagne Govardhana
Enfant Gopala
Ô Aimé de Radha
Seigneur des vaches
Petit Pâtre des gopis.

Les miracles sont-ils importants ?

Question : « Amma, faut-il encourager les miracles ou bien sont-ils des obstacles sur la voie spirituelle ? »

Amma : « Les miracles peuvent aider une personne ordinaire en lui inspirant la foi en un Pouvoir suprême. Mais une foi fondée uniquement sur des miracles se perd facilement si ceux-ci ne se reproduisent pas. Et supposez que Dieu, ou une grande âme unie à Dieu, qui est omniprésent, omnipotent et omniscient, décide de ne pas accomplir le miracle attendu ? Cela peut arriver car un *mahatma* ne doit rien à personne et n'a rien à gagner en accomplissant des miracles. Peu importe à Dieu ou à un grand saint que l'on croie ou non en Lui. Il n'a pas besoin de notre foi ni de nos services. C'est nous qui avons besoin de Sa grâce, mais nous ne l'obtenons que grâce à la foi.

Un Maître parfait n'attend rien de nous et n'a besoin de rien, car il est plénitude. C'est nous qui avons besoin de sa grâce pour nous élever et nous purifier. Notre foi ne devrait pas reposer uniquement sur les miracles. La foi pour elle-même et l'amour pour lui-même, voilà l'approche la plus saine et la plus sage.

Notre foi devrait s'enraciner aussi bien dans le cœur que dans l'intellect. Pour le vrai *sadhak*, la dévotion et la connaissance intellectuelle sont toutes deux nécessaires à moins, bien entendu, que nous éprouvions l'amour ardent des *gopis* de Vrindavan, que nous ayons leur foi absolue et leur soumission totale. Leur amour, aveugle au départ, évolua pour devenir *tatvattile bhakti* (la dévotion fondée sur les principes essentiels de la spiritualité), c'est-à-dire de la *bhakti* reposant sur *jnana*.

Nous devrions éprouver envers Dieu ou envers un Maître spirituel parfait à la fois de l'amour et du respect, l'amour venant du cœur et le respect étant engendré par notre compréhension de la nature omniprésente, omnipotente et omnisciente du Maître. C'est seulement ainsi que nous retirerons le plein bénéfice de sa présence. C'est l'union de l'amour et de la connaissance qui nous permet de recevoir pleinement la grâce de Dieu ou du *guru*. Mais nous ne pouvons pas éprouver la béatitude intérieure de la présence de Dieu ou d'un vrai Maître si nous sommes intéressés uniquement par les miracles.

Les gens qui ont beaucoup de désirs ont tendance à accorder trop d'importance aux miracles. Leur foi est superficielle. Un grand nombre de miracles ne fera que multiplier encore les désirs dans leur mental, et ceux-ci engendreront la souffrance et le chagrin.

La vraie spiritualité consiste à transcender tous les désirs, à transcender le mental et ses pensées. C'est à cela qu'un véritable *sadhak* aspire. Un vrai chercheur ne sera jamais satisfait avant d'avoir atteint l'état qui est au-delà du mental, et les miracles ne vous y aident pas. Ils constituent tout au plus un obstacle, car celui qui leur est trop attaché reste bloqué au niveau du mental et de ses exigences de stimulation. Cela n'est évidemment pas l'état suprême.

Au cours de sa quête spirituelle, tandis que le chercheur avance dans sa *sadhana*, il se peut qu'il développe la faculté d'accomplir des prodiges. Celui dont le désir n'est pas très ardent se laissera peut-être prendre au piège de telles aptitudes, mais le chercheur sincère, qui désire vraiment trouver la Vérité, les ignore et les transcende.

Les gens considèrent comme miracles uniquement le fait de matérialiser des objets ou de guérir des maladies. Il s'agit bien sûr d'une forme de miracle. Mais le plus grand prodige est la transformation intérieure qui se produit chez un être. Les hommes ne se rendent pas compte que le véritable miracle, c'est d'ouvrir son cœur à l'unique Vérité. S'ils ouvraient simplement leur cœur, ils découvriraient le vrai prodige, ils verraient que la grâce de Dieu est toujours là, plus encore, qu'ils sont eux-mêmes Dieu, et que des miracles se produisent à chaque instant.

Tout, dans la nature, est un merveilleux prodige. Un petit oiseau qui vole dans le vaste ciel, n'est-ce pas un miracle ? Un minuscule poisson qui nage dans les profondeurs de l'océan, n'est-ce pas un miracle ? Malheureusement, les gens considèrent qu'un poisson doit voler dans le ciel pour que le phénomène soit merveilleux !

La vraie spiritualité et la vraie religion n'ont pas grand-chose à voir avec l'accomplissement de miracles. Le nombre de prodiges accomplis par une personne n'est pas non plus un critère permettant de mesurer sa divinité. La vraie spiritualité, c'est l'amour incommensurable et la paix intérieure que le Maître transmet à autrui. Elle se manifeste par un amour pur et une parfaite équanimité. L'amour seul peut accomplir une réelle transformation. L'union harmonieuse de l'amour désintéressé et de la pure connaissance détruit tous les malentendus au sujet de la spiritualité. »

Dans le giron d'Amma

Amma appelait les dévots un par un. Un homme vint au *darshan* et pendant qu'il avait la tête sur ses genoux, Amma se mit à chanter :

Shri Krishna sharanam mama

Shri Krishna est mon refuge
Shri Hari est mon refuge
Je me prosterne devant Shri Krishna
Dont la nature est Être-Conscience-Béatitude
Qui est la cause de la création, de la préservation, de la dissolu-
  tion de l'univers
Et qui détruit les trois formes de souffrance.

Je ne connais pas d'autre réalité que Shri Krishna
Lui qui tient dans les mains une flûte.
Il est beau comme un frais nuage de pluie,
Porte des vêtements jaunes,
Ses lèvres sont rouges comme le fruit de l'aruna bimba
Son visage a la beauté de la pleine lune
Et Ses yeux ont la forme allongée des pétales de lotus.

Shri Krishna, que Ton nom est doux !
Ô Fils de Nanda, que Ton nom est doux !
Ô lune de Vrindavan,
Shri Krishna est le nom qui T'est cher,
Tous ces noms Te sont chers.

Gloire à Radha Govinda !
Gloire à Radha Gopal !
Govinda Govinda Goparipal (protecteur des vaches) !
Certains disent que Tu es le fils de Vasudeva
D'autres Te nomment fils de Nanda

Sur les bancs de la rivière Yamuna
L'enfant Krishna joue de si douces mélodies
Shri Krishna est un nom qui T'est cher
Celui qui aime danser est un nom qui T'est cher
Le Protecteur des sages est un nom qui T'est cher.

Amma entra soudain en extase et elle continua à chanter pendant dix minutes dans cet état de ravissement. Elle répétait sans cesse le refrain du *bhajan* : *Shri Krishna sharanammama, Shri Hari sharanam mama....* À la fin du chant, elle était dans une extase très profonde, qui dura encore dix minutes. Quand elle ouvrit enfin les yeux, le dévot qui avait reçu son *darshan* pendant tout ce temps était encore à genoux devant elle, la tête sur ses genoux. Elle lui tapota gentiment l'épaule, pour lui signifier qu'il était temps de se relever. Il ne bougea pas. Elle recommença, sans plus de succès. Amma lui dit : « Fils, lève-toi. ». Mais il n'y eut aucune réaction. Amma fut un peu plus énergique, elle lui releva la tête légèrement et appela plus fort : « Fils ! ». Cette fois, il se releva d'un bond. Il paraissait sortir tout juste d'un autre monde. Il se frottait les yeux en regardant autour de lui, un peu perdu. Croyant comprendre ce qui était arrivé, tout le monde rit de bon cœur, persuadé qu'il s'était endormi sur les genoux d'Amma. Amma, elle aussi, éclata de rire. Mais peu après, voyant son expression innocente et confuse, elle le prit par la main, le fit asseoir par terre près de sa chaise et avec affection, posa de nouveau sa tête sur ses genoux. Les rires se calmèrent, l'homme s'assit, et Amma continua à donner le *darshan*.

Pendant que la personne suivante recevait le *darshan*, elle dit : « Il était dans la béatitude ! »

Seules quelques personnes apprirent ce qui s'était vraiment passé. Pendant qu'il avait la tête sur les genoux d'Amma, elle s'était mise à chanter. Au bout d'une minute ou deux, il eut soudain la sensation que le giron d'Amma grandissait ; plus il grandissait, plus la béatitude qu'il éprouvait gagnait en profondeur et en intensité. À la fin, il avait le sentiment de nager dans un océan de béatitude. C'est Amma qui le sortit de cet état de fusion.

Faites passer les autres avant vous

De Suisse, Amma prit le train pour l'Autriche, où une femme nommée Christine Essen avait organisé deux programmes, l'un à Graz et l'autre à St Polten, une petite ville située entre Vienne et Linz. Le deuxième était une retraite. L'Autriche était la dernière étape du tour.

Dans le train, les *brahmacharis* eurent l'occasion de passer quelque temps seuls avec Amma. Au cours de la conversation, elle leur dit : « Les gens demandent pourquoi il leur faut traverser de si dures épreuves ; pourquoi eux, parmi tous les êtres, doivent subir cette souffrance. « Pourquoi moi ? » demandent-ils. Les malheurs des autres leur sont apparemment indifférents. « Que quelqu'un d'autre souffre, du moment que ce n'est pas moi. », telle est leur attitude. Changeons cela et souhaitons au contraire sincèrement que personne au monde ne soit en proie à la douleur. Ne pensons pas : « Pourquoi moi ? » mais plutôt : « Pourquoi quelqu'un devrait-il souffrir ? » Apprenons à faire passer les autres avant nous-mêmes.

Amma a entendu l'histoire suivante :

« Un petit garçon contemplait, émerveillé, un hôtel particulier qui venait d'être construit. À ce moment-là, un jeune homme en sortit. L'enfant lui demanda : « À qui appartient donc cette magnifique maison ? » « Elle est à moi », répondit l'homme. « J'ai un frère très riche, c'est lui qui l'a fait construire pour moi. » À ces mots, l'enfant s'exclama « Oh, si seulement ... » et il poussa un profond soupir. L'homme devina aisément ce que l'enfant s'apprêtait à dire : « Si seulement j'avais un frère comme ça ! »

Mais quand le garçon acheva sa phrase, l'homme fut tout surpris d'entendre : « Si seulement j'étais un frère comme ça ! »

Mes enfants, c'est grâce à une telle disposition intérieure que nous trouverons la joie. Pourquoi quiconque devrait-il souffrir en ce monde ? Si votre cœur est assez bon pour faire passer les autres avant vous-même, vous trouverez la paix et la joie. Mais pour cela, il faut abandonner l'égoïsme et suivre la voie du désintéressement.

Les gens ont tendance à désirer toujours plus, encore plus. Ils ne sont jamais satisfaits de ce qu'ils ont. Apprenons au contraire à donner et à partager, sans jamais nous contenter de recevoir.

Nous devrions tout partager avec les autres et nous efforcer de contribuer au bien-être de la société d'une manière ou d'une autre. C'est en donnant que nous progressons sur la voie spirituelle. Si nous amassons, cela bloquera notre croissance spirituelle et notre vie se fanera lentement. Le sang est pompé par le cœur et il circule, distribué de manière égale dans le corps entier. Que se passerait-il si notre circulation s'arrêtait ? Nous nous effondrerions aussitôt pour mourir. Nous devrions ainsi faire circuler et partager tout ce que nous avons, sans entasser de richesses. Si nous thésaurisons, la société stagne et ne peut pas croître dans son ensemble.

C'est le partage désintéressé qui donne à la fleur de la vie son parfum et sa beauté. »

Dans la biographie d'Amma, d'innombrables exemples montrent clairement son amour désintéressé et sa compassion.

Dans les premières années de l'ashram, la situation financière était misérable. Les résidents n'avaient pas toujours assez à manger. Chacun ne possédait qu'une seule tenue et quand ils participaient aux programmes extérieurs avec Amma, ils se prêtaient les quelques vêtements en bon état dont ils disposaient. Amma insistait beaucoup pour que les visiteurs soient nourris et les résidents n'avaient pas la permission de manger avant que tous les invités aient été servis. Comme on ne savait jamais combien de personnes allaient venir et comme il n'y avait pas assez d'argent, il ne restait souvent rien à manger pour les résidents. Dans ces cas-là, Amma allait mendier de la nourriture dans les maisons du voisinage.

Une femme des environs vint un jour voir Amma et lui dit que le mariage de sa fille avait été convenu. Comme elle était très pauvre, elle lui demandait de l'aider. L'ashram connaissait des difficultés financières, cependant Amma assura à cette femme qu'elle allait l'aider. Elle appela un des *brahmacharis* et lui demanda d'aller chercher une boîte dans sa chambre. Quand il lui donna la boîte, elle l'ouvrit et en sortit un collier en or tout neuf que quelqu'un venait de lui offrir.

Brahmachari Ramakrishnan (Swami Ramakrishnananda), qui était assis à côté d'Amma, se demandait ce qu'elle voulait faire. Sans la moindre hésitation, Amma donna le collier à la femme indigente. Ramakrishna fut choqué, parce que les gens de l'ashram étaient eux-mêmes dans le dénuement. Il travaillait à l'époque dans une banque et connaissait la valeur du collier. Une fois la femme partie, il fut incapable de se maîtriser, tant son agitation était grande. Il explosa : « Amma, comment as-tu pu faire une chose pareille ? Connais-tu la valeur de ce collier ? J'aurais pu l'emporter à la banque et en retirer beaucoup d'argent. Tu n'aurais pas dû faire cela ! »

Amma répondit : « Vraiment ? Pourquoi ne me l'as-tu pas dit plus tôt ? Dépêche-toi et rappelle-la immédiatement ! »

Ramakrishna fut ravi de la réponse d'Amma. Il était fier d'avoir pu corriger l'erreur qu'elle avait commise. Il rattrapa la dévote en courant et la ramena auprès d'Amma. La femme semblait déconcertée. Amma montra Ramakrishna du doigt et lui dit : « Ce *brahmachari* affirme que le collier qu'Amma vient de te donner vaut beaucoup d'argent. » Ramakrishna était si impatient qu'il s'apprêtait à intervenir et à dire à cette femme de le rendre, quand Amma se tourna vers lui et lui ordonna de se taire. Elle reprit : « Puisque ce collier a tant de valeur, quoi que tu fasses, ne le vends pas ou ne le mets pas en gage à bas prix. Assure-toi d'en tirer un bon prix. »

Ramakrishna fut soudain saisi de honte ; il n'avait pas compris l'étendue de la compassion d'Amma.

« Tchou, tchou, tchou... » faisait le train. Au-dehors, le crépuscule tombait. Amma demanda aux *brahmacharis* de chanter les *bhajans*, comme ils le faisaient d'ordinaire à cette heure-là. Elle insistait beaucoup pour qu'ils restent fidèles à leurs pratiques spirituelles quotidiennes où qu'ils soient et leur disait souvent qu'un *sadhak* ne devait pas être l'esclave des circonstances, mais au contraire maîtriser toutes les situations.

Le *brahmachari* Shri Kumar sortit l'harmonium de sa boîte et se mit à jouer. Pendant une heure et demie, ils chantèrent différents *bhajans*. L'un d'entre eux s'intitulait :

Oru nalil varumo

Ô Mère de la béatitude céleste
Quand viendras-Tu dans le sanctuaire de mon cœur
Avec Ta lampe à la flamme éternelle ?
Ce suppliant n'a plus d'autre désir.

Ô Dévi,
Ne m'accorderas-Tu pas ta bénédiction ?
Le cœur brûlant, j'ai cherché
La Mère divine en tous lieux.
Ô Mère, accorde-moi Ta grâce,
Caresse-moi de Tes douces mains.

Ô Mère, donne-moi refuge,
Car je m'effondre, épuisé.

S'il est vrai que Tu demeures en moi,
Alors quand donc viendra le jour de la réalisation ?

Amma se joignit sporadiquement aux *bhajans*, mais resta la plus grande partie du temps silencieuse, regardant par la fenêtre.

Un soir, à Vienne, il n'y avait pas de programme. Amma sortit pour une promenade, accompagnée du groupe qui voyageait avec elle. Ils marchèrent sur une route de campagne pendant environ une demi-heure, puis Amma s'assit au milieu d'un beau paysage boisé, face au soleil couchant. La température n'était que de sept degrés. Les rares passants portaient tous plusieurs épaisseurs de vêtements chauds. Amma n'avait que sa robe et son sari blanc. Quelqu'un la couvrit d'un châle de laine. Les *brahmacharis*, qui n'avaient que leur *dhoti* et leur chemise de coton, gelaient. En les voyant blottis les uns contre les autres, tremblants de froid, Amma ôta son châle pour les en couvrir tendrement. Mais comme elle n'avait alors plus rien pour se protéger du froid, les *brahmacharis* déclinèrent poliment son offre en disant : « Non, Amma, c'est toi qui devrais le porter. » Mais elle refusa de le remettre. « Pas de problème ! » dit-elle, en insistant pour qu'ils l'utilisent. Le châle qu'Amma leur avait donné avec tant d'amour leur était si cher, qu'ils se serrèrent les uns contre les autres pour que chacun en ait un bout.

Brahmashakti

Toujours blotti sous le châle, Ramakrishna demanda :

« Amma, on dit que le *sankalpa* divin du *Paramatman* (le Soi suprême) est partout à l'œuvre. Qu'est-ce que cela signifie ? Pourrais-tu nous l'expliquer ? »

Amma : « Le *sankalpa* du *Paramatman* ou *Brahmashakti* (le pouvoir de *Brahman*) est sous-jacent à tout dans l'univers. Regarde ce cosmos étonnant et la manière harmonieuse dont fonctionnent notre planète et toutes les autres. Sans une intelligence cosmique, une puissance universelle qui contrôle tout, comment une beauté et un ordre si parfaits seraient-ils possibles ? Pouvons-nous déclarer qu'il s'agit d'un hasard ? Non, car rien n'est hasard. Dès que l'intellect humain échoue à expliquer un phénomène, nous le rejetons et déclarons qu'il s'agit d'une coïncidence. Mais c'est le langage du raisonnement intellectuel. Une personne qui vit davantage à partir du cœur ne considère rien comme le fruit du hasard. Pour elle, tout est la puissance divine, la *lila* (le jeu) de Dieu, Son *sankalpa*.

Amma ne cherche pas à nier la valeur de la science et de ses bienfaits. La science a un certain *dharma* (devoir) à remplir. Qu'elle suive donc son *dharma*. Mais en tant qu'êtres humains essayant de vivre leur vie en harmonie avec Dieu, nous avons notre propre *dharma* à respecter, ne l'oublions pas. Vivons en harmonie avec Lui, en écoutant l'appel de notre conscience.

L'ego ou l'intellect sont incapables de comprendre ni même de soupçonner le grand *sankalpa*, la puissance qui est l'essence de l'univers. La science est encore à la recherche de cette intelligence cosmique. Mais à moins de créer un équilibre entre la science et la spiritualité, les scientifiques ne trouveront pas le Principe créateur de vie, car Il demeure au-delà de l'intellect. S'ils veulent découvrir ce qui est à l'origine du monde extérieur, il leur faut explorer le monde intérieur, auquel on n'accorde d'ordinaire aucune importance.

La mélodie enchanteresse qui jaillit d'une flûte ne se trouve ni dans l'instrument, ni dans les doigts du musicien. On pourrait dire qu'elle surgit du cœur du compositeur, mais si vous ouvriez ce cœur pour l'examiner, vous n'y trouveriez pas non plus la mélodie. Quelle est donc la source originelle de la musique ? La source est au-delà ; elle émerge de *Brahmashakti*, le *Paramatman*. Mais l'ego est incapable de reconnaître ce pouvoir. Il n'est possible de voir et de sentir cette puissance divine qu'en apprenant à vivre à partir du cœur.

Le *sankalpa* de Dieu est la source de toute chose ; c'est grâce à lui que la fleur s'épanouit, que l'oiseau chante, que le vent souffle et que le feu crépite. C'est cette puissance qui permet la croissance de tout ce qui existe, c'est elle qui soutient toute chose. Ce *sankalpa* divin est la cause sous-jacente de la naissance, de la croissance et de la mort de tous les êtres vivants, la cause de la création entière. C'est la *shakti* du *Paramatman* qui soutient le monde. Sans elle, il cesserait d'exister. »

Amma Se tourna vers Amritatma et lui demanda de chanter.

Kodanukodi

Ô Vérité éternelle,
L'humanité Te cherche depuis des millions d'années.

Les anciens sages renoncèrent à tout
Et accomplirent de longues années d'ascèse
Pour se fondre dans le flot de Ton énergie divine
Grâce à la méditation.
Ta flamme infinie,
Inaccessible à tous,
Brille comme l'éclat du soleil.
Elle demeure parfaitement immobile, sans même vaciller,
Au milieu du cyclone le plus violent.

Les fleurs, les plantes grimpantes,
Les sanctuaires et les temples,
Avec leurs piliers sacrés récemment consacrés,
Tous T'attendent depuis des éons,
Mais Tu restes toujours inaccessible...

Après le chant, Amma reprit : « Connaissez-vous l'histoire qui raconte comment *Brahman* apparut devant les *devas* (les êtres célestes) ? *Brahmashakti* (la puissance de la réalité absolue) gagna une bataille pour les *devas*. Mais ils s'en attribuèrent tout le crédit. Ils choisirent de croire que leur victoire était due à leur propre grandeur. Aveuglés par l'ego, ils oublièrent *Brahman*, tout en se réjouissant et en célébrant leur victoire avec faste. Lorsque *Brahman* apprit cela, Il leur apparut sous la forme d'un *yaksha*, un esprit adorable. Enivrés par l'ego, les *devas* ne Le reconnurent pas, Lui qui était la cause et l'origine de la victoire qu'ils célébraient. Quand le *yaksha* apparut, Indra, le chef des *devas*, envoya le dieu du feu s'enquérir de qui il s'agissait. Quand le dieu du feu approcha, le *yaksha* lui demanda qui il était et quels étaient ses pouvoirs.

Avec beaucoup d'orgueil, le dieu répliqua : « Je suis le dieu du feu[7] ; il n'existe rien au monde que je ne puisse brûler. »

Brahman, sous la forme du *yaksha*, plaça un brin de paille devant le dieu et lui demanda de le brûler.

Le dieu s'y efforça de tout son pouvoir, mais en dépit de ses efforts, la paille resta intacte, sans la moindre trace de brûlure. Il se retira et rapporta à Indra qu'il n'avait pu découvrir qui était le *yaksha*. Il ne mentionna pas sa propre défaite, car l'ego n'admet jamais l'échec.

L'ego accorde une grande importance à ses succès, mais refuse de reconnaître aucune de ses défaites. Telle est la nature humaine. Les gens déclarent : « J'ai réussi ceci et cela. » mais disent rarement « J'ai échoué » ou bien « Tel ou tel domaine de ma vie est un échec. » Leur manque d'humilité fait qu'ils se laissent entraîner par l'ego et que l'idée du pouvoir et de la richesse les enivre. Ils ne parviennent pas à voir que c'est la Puissance universelle, le *sankalpa* de Dieu, qui est à l'œuvre dans leurs succès quotidiens comme

---

[7] Les Hindous considèrent toutes les forces naturelles comme des divinités et les adorent comme des aspects variés du Suprême.

dans leurs échecs. Si le *sankalpa* de Dieu est partout présent, nos échecs sont aussi Son *sankalpa*. Mais les gens ne le perçoivent nulle part. Ils croient que leurs succès sont dus à leur propre grandeur, à leur propre pouvoir. En revanche, en cas d'échec, ils refusent de reconnaître qu'ils y sont pour quelque chose. Ils en rejettent la responsabilité sur autrui ou sur la situation.

Lorsque *Brahman* apparut, le dieu du feu fut incapable de Le reconnaître. C'est un comportement typique de l'ego, toujours fier de sa puissance et de son intelligence apparentes, alors qu'il ignore la Puissance universelle. Même quand Celle-ci apparaît devant nous sous des formes variées, nous sommes incapables de La reconnaître. Comment le feu brûlerait-il sans la présence de la *shakti* du *Paramatman*, la suprême *shakti*, la puissance qui est au cœur du feu ? C'est pourquoi le dieu du feu perdit tout pouvoir et fut vaincu.

Indra ordonna alors à Vayu, le dieu de l'air, de s'approcher de l'esprit. Vayu y alla, se présenta et se vanta de pouvoir emporter de son souffle n'importe quel objet. Le *yaksha* plaça la paille devant Vayu et lui dit : « Puisque tu prétends être si puissant, souffle donc là-dessus ! » Vayu eut beau souffler et haleter, la paille ne bougea pas.

L'ego aime proclamer son importance à grand coups de fanfare, mais comment fonctionnerait-il sans la force de vie qui l'anime ? Agni, le feu, et Vayu, l'air, ne sont que des points infimes de l'énergie universelle. Si cette énergie fait défaut, ils perdent tout leur pouvoir. En d'autres termes, c'est l'énergie cosmique qui agit à travers le feu et l'air et sans elle, ils n'existeraient pas.

Vayu, lui aussi, refusa d'admettre sa défaite. Il se contenta de dire à Indra que lui non plus n'avait pas pu découvrir qui était le *yaksha*.

Les gens croient que les organes des sens, les *devas*, sont très importants, et ils leur accordent grand crédit, mais quand ils se retrouvent impuissants ou vaincus, ils se tournent vers le mental ou l'intellect pour trouver de l'aide, car l'intellect est supérieur aux sens et plus subtil *(Indra symbolise le chef des sens, c'est-à-dire le mental. Le mot Indra est apparenté au mot* indriya, *qui signifie les sens).*

Les *devas* (les dieux), demandèrent alors à Indra de découvrir qui était le *yaksha*. Mais quand Indra, dont l'orgueil avait un peu faibli, s'approcha, l'esprit disparut. À sa place se tenait la grande et lumineuse déesse Uma. Indra Lui demanda : « Qui était cet esprit ? »

Uma, la Mère universelle, lui répondit : « C'était *Brahma-shakti*, qui a remporté cette victoire pour toi. Tu as cru que c'était ta victoire, mais c'était en réalité la Sienne. Toute ta gloire n'a été obtenue que grâce à Lui. »

Quels que soient vos succès, ce ne sont pas les vôtres mais ceux de *Brahman*. Le *sankalpa* du *Paramatman* est la source de chacune de vos victoires et de vos défaites. Apprenez à le reconnaître, car comprendre cette vérité est la clé du véritable succès.

Vos efforts pour comprendre l'énergie cosmique, la conscience suprême, à l'aide du mental, des sens et de l'intellect seront toujours voués à l'échec, que vous l'acceptiez ou non ; *l'atman* ou *Brahman* est en effet au-delà de l'intellect, Il est plus subtil que les sens, le mental et l'intellect, plus subtil que le plus subtil. Votre incapacité totale à comprendre créera en vous le besoin pressant de connaître ce pouvoir suprême. Dans votre impuissance, vous finirez par renoncer à comprendre et abandonnerez ainsi le mental. C'est cet abandon qui vous amène le Maître, le Bien-aimé. Il vous aide et vous guide vers la source réelle de l'existence. En vérité, le Maître Lui-même est *Brahmashakti*. La forme existe aussi longtemps que vous vous identifiez au corps et à l'intellect. Une fois que vous les avez transcendés, vous découvrez l'aspect infini, sans forme, du Maître.

Les Védas disent que l'univers est issu du souffle du *Paramatman*. Cela signifie que le Principe de vie suprême ou l'énergie vitale anime toute la création. Quand ce Principe se retire, tout s'arrête. Le but de la vie est de découvrir le Principe divin (*sankalpa*) dans toutes nos pensées et nos actions et dans tous les aspects de la vie. »

Amma se tourna vers Shri Kumar et dit : « Apporte l'harmonium. » L'instrument était resté dans la maison où ils logeaient, mais comme il avait prévu une demande de ce genre, Shri Kumar avait emporté un petit clavier électrique. Il le montra à Amma, qui accepta. Alors, accompagnée de Shri Kumar, Amma chanta un *bhajan*.

Sokamitentinu sandhye

Ô crépuscule, pourquoi es-tu si triste ?
Erres-tu aussi sur le rivage de tes souvenirs ?
Ô soir baigné d'ombres rouges,
Le feu du chagrin brûle-t-il en toi ?

Ô crépuscule,
As-tu une Mère comme la mienne ?
As-tu vu ma Mère ?
Telle la pleine lune,
Elle rayonne de beauté et de fraîche pureté.
Ô soir, si tu La vois,
Transmets-Lui je t'en prie le message de cet enfant désemparé,
Incapable de parler.
Je ploie sous le chagrin infini
Que me cause la souffrance de la séparation.

Ô crépuscule, je t'en prie,
Dépose à Ses pieds ces pétales de fleurs
Et rapporte-Lui mes paroles.
À ton retour, je te conterai les tendres mémoires
D'un printemps enfui.

Amma chanta encore deux chants. Alors que tout le monde grelottait, elle ne semblait pas affectée, comme si l'air froid, intimidé, n'eût pas osé l'approcher. Peu après, elle se leva, et ils prirent le chemin du retour.

Il est souvent arrivé qu'Amma demande un gilet, une paire de chaussettes en laine ou même un chauffage alors qu'il faisait très chaud. Mais le froid ne paraît pas l'affecter. Il est impossible de la comprendre. Son comportement est souvent incompréhensible. Son corps même n'obéit pas aux mêmes lois que celui d'une personne ordinaire.

Le premier tour du monde d'Amma tirait à sa fin. Elle avait béni la terre de nombreux pays en la foulant de ses pieds sacrés. Qui pouvait en connaître les conséquences pour ces pays dans les années à venir ? Amma travaille à différents niveaux, dont la plupart sont si subtils que nous sommes incapables de les percevoir. L'action d'Amma sur cette planète est comme un iceberg dont nous ne voyons que la pointe.

Le tour du monde 1987 marquait le début de la conquête spirituelle entreprise par cette grande charmeuse de cœurs. Amma allait ensuite retourner chaque année en Occident, amener d'innombrables personnes à suivre un chemin spirituel et rassembler ceux qui s'y trouvaient déjà sous l'aile de sa grâce.

Amma n'était restée que quelques jours à chaque endroit, elle avait passé comme un doux tourbillon d'amour suprême, éveillé dans d'innombrables cœurs une aspiration nouvelle, étrange, pour une vie spirituelle, une soif de connaître Dieu que rien ne pourrait plus jamais éteindre. Aucun de ceux qui l'avaient rencontrée ne pourrait plus jamais l'oublier. Et ceux dont elle avait capturé le cœur dans son divin filet constataient en eux des changements. Ils s'adoucissaient, et l'amour infini qu'Amma leur avait donné leur permettait d'éprouver envers les autres une compassion jusqu'alors inconnue.

Amma avait transformé la souffrance d'innombrables personnes en joie, leur désespoir en espoir, guérissant leurs maladies, apaisant leur peur, insufflant une foi nouvelle à ceux qui ne voyaient plus de sens à la vie et transformant l'indifférence en amour et en compassion. Sa grâce avait touché leur cœur.

Sur le chemin du retour, Amma et son groupe s'arrêtèrent aux Maldives. Près de l'aéroport, ils montèrent dans un petit bateau à moteur qui les conduisit sur une île où ils devaient passer la nuit.

La journée sur l'île représenta pour les membres du groupe un moment spécial, l'occasion de rester seuls avec elle. Amma passa la plus grande partie de la journée dehors. Assis sur la plage, ils méditèrent et chantèrent des *bhajans*. Nealou mit un masque de plongée et plongea en eau peu profonde. En remontant à la surface, il dit tout excité à Amma qu'il avait vu une variété de poissons multicolores. Amma se leva en disant : « Ce vieux cherche toujours à amuser Amma et à la rendre heureuse ; il trouve toujours toutes sortes de moyens pour cela. » Amma regarda dans l'eau transparente. Elle découvrit plusieurs poissons et se mit à crier et à sauter, excitée comme une enfant. Puis elle s'arrêta soudain, et avec l'obstination d'un enfant, réclama de quoi nourrir les poissons. Nealou avait quelques cacahuètes et un peu de mélange salé indien ; il les lui donna. Son visage était baigné de béatitude, tandis qu'elle donnait à manger aux poissons. En contemplant ces créatures aux couleurs vives, elle entra en extase. Elle s'assit au bord de l'eau, plongée en *samadhi*. Tous se tenaient près d'elle. Lorsqu'elle revint de son extase, elle chanta doucement l'hymne sanscrit *Vidamsam vibhum*.

> Je salue sans cesse Parabrahman, la Réalité absolue qui est l'Un sans second, qui imprègne tout dans l'univers, qui est pure et totalement propice tout en étant également au-delà de tout attribut, le

Non-manifesté, le quatrième et suprême niveau de conscience.

Il se mit à bruiner. Amma ne bougea pas ; elle resta assise au bord de l'eau.

L'éveil de l'enfant intérieur

Nealou saisit l'occasion de lui poser une question.

« Est-ce le devoir d'une âme réalisée de guider les autres vers le but ? N'est-ce pas pour elle une obligation ? »

Amma : « Les obligations n'existent que sur les plans physiques et mentaux. Une fois que vous transcendez le mental pour prendre conscience que vous n'êtes pas une entité isolée, pas une petite partie, mais le Tout, l'énergie cosmique elle-même, il n'y a plus personne, plus de corps, pour se sentir obligé. Un *sadguru*, uni à la Vie, ne doit rien à personne et n'a aucune obligation. Sa vie est complète et parfaite telle qu'elle est. Il Lui suffit d'exister en tant que grande et divine Présence. L'espace infini doit-il quelque chose à quelqu'un ? Le soleil, le vent et les océans doivent-ils quoi que ce soit à quiconque ? Ils existent, voilà tout, et nous bénéficions de leur présence. Les grands Maîtres ont-ils besoin de quoi que ce soit de notre part ? C'est nous qui leur devons tout. Nous n'avons rien à offrir à ceux qui sont prêts à sacrifier leur vie pour le bien du monde. Seule leur grâce peut nous permettre de recevoir le cadeau unique de la Réalisation. Cette faveur infinie n'est-elle pas plus que quiconque oserait demander ? Nous ne pouvons que nous prosterner devant eux et éprouver une gratitude immense à leur égard, car ils descendent jusqu'à nous et nous aident à évoluer vers la béatitude suprême dans laquelle eux-mêmes sont éternellement établis.

Guider un disciple vers le but suprême de la réalisation revient à donner naissance à un bébé et à l'élever en l'entourant de soins.

C'est la seule manière de décrire cette relation. Vivre en présence du *guru*, c'est renaître, cela équivaut à une seconde naissance.

Jusqu'alors, votre croissance est restée extérieure, seuls le corps et l'intellect se sont développés. Mais lorsque vous venez auprès d'un *sadguru*, une croissance intérieure se produit, jusqu'à ce que vous atteigniez l'expérience de l'âme (*l'atman*). Vous êtes peut-être extérieurement adulte, mais à l'intérieur, le Maître vous enseigne à retrouver l'état de l'enfant, de l'innocence enfantine. Le seul but du Maître est d'éveiller l'enfant qui sommeille en vous.

Lorsqu'une mère donne le sein à son enfant ou bien une autre nourriture appropriée, quand elle lui donne l'amour et la chaleur dont il a besoin, elle crée les conditions nécessaires pour qu'il croisse et se développe convenablement. Comme une mère crée les conditions les plus favorables à la saine croissance de son enfant, le vrai Maître crée l'atmosphère la plus favorable à l'éveil et au développement de l'innocence innée du disciple. La présence du *sadguru*, Son regard, Son contact, telle est la nourriture nécessaire qui permet à l'enfant intérieur endormi du disciple de s'éveiller et de se développer.

Songez à l'amour immense et aux soins dont votre mère vous a entouré, songez avec quelle patience elle vous a aidé à grandir et à devenir un jeune homme ou une jeune femme. Dans la plupart des cas, notre mère contribue énormément à notre développement physique et mental et nous lui devons beaucoup. Elle a pris soin de nous sans rien attendre en retour. Son seul motif était l'amour infini qu'elle éprouvait pour son enfant.

Si vous vous représentez l'image d'une mère qui nourrit et éduque son enfant avec dévouement, vous aurez une idée de la manière dont un Maître spirituel élève ses disciples et les aide à dépasser l'ego pour devenir vastes comme l'univers. Cette comparaison n'est qu'une image destinée à vous permettre de comprendre l'ampleur de la tâche entreprise par le Maître lorsqu'il transforme le disciple pour faire de lui un pur réceptacle de la Puissance suprême. Pour accomplir cela, le vrai Maître doit avoir la patience de la Terre. On pourrait même affirmer qu'en effectuant ce miracle, il montre plus d'amour et de compassion que Dieu Lui-même. Amma veut dire que nous ignorons tout de Dieu, en-dehors des concepts extrêmement vagues qui nous ont été transmis par les récits et par les Écritures. Seule l'immense compassion d'un *sadguru* nous permet d'avoir une expérience tangible de Dieu. Seule la présence du *sadguru* nous révèle que Dieu existe vraiment.

Le disciple qui arrive auprès du Maître est comme une matière première à l'état brut, non raffinée et mêlée de rouille. Le Maître, alchimiste divin à l'amour infini, le transforme en or pur. Il n'a aucun besoin de faire cela ; il a le choix et pourrait simplement se dissoudre dans le Tout sans même prononcer une parole. Mais il choisit au contraire de S'offrir au monde. Par pure compassion envers ceux qui tâtonnent dans les ténèbres, il Se sacrifie. »

Gayatri essayait d'abriter Amma sous un parapluie, mais celle-ci refusa. « Non, » dit-elle, « tant que ses enfants sont sous la pluie, Amma ne veut pas de parapluie. »

Mais il plut bientôt si fort qu'Amma et le reste du groupe regagnèrent leurs chambres respectives.

Un jeu cosmique merveilleux

Cette nuit-là, une fois que la pluie eût cessé, Amma, suivie de tout le groupe, marcha jusqu'au bout d'une jetée et s'assit dans un abri en feuilles de cocotier tressées. Elle chanta plusieurs *bhajans*, que les autres reprirent en chœur à la manière traditionnelle.

La pleine lune irradiait la terre et la mer de sa clarté. Les vagues psalmodiaient le *Aum* éternel. La voix pure d'Amma, la puissance et la beauté de sa présence élevaient l'âme de ses enfants, et donnaient à l'atmosphère un rayonnement spirituel unique.

Samsara dukha shamanam

Ô Mère du monde,
Toi qui dissipes les souffrances de la transmigration,
Tes saintes mains sont notre unique refuge.

Tu es le refuge des âmes aveugles et perdues,
Le souvenir de Tes pieds de lotus nous protège de tout danger.

Pour ceux qui errent, en proie à l'illusion,
Dans des ténèbres impénétrables,
Le seul moyen d'échapper à leur malheur
Est de méditer sur Ton nom et Ta forme.

Jette-moi un regard de Tes beaux yeux brillants,
Ô Mère ! Sans Ta grâce,
Nul ne pourrait atteindre Tes pieds de lotus.

Le lendemain, ils reprirent le petit bateau à moteur pour regagner l'île principale. Il y avait du vent. Au moment où le bateau gagnait la pleine mer, un orage éclata et la mer se déchaîna. Le petit bateau était ballotté comme un jouet par les flots démontés. Les vagues, parfois gigantesques, menaçaient de s'écraser dans le bateau. Les *brahmacharis*, Gayatri, Saumya et les autres étaient terrifiés. Ils étaient tapis dans le bateau et tremblaient de peur. Plusieurs vagues faillirent se briser dans le bateau. Ils étaient certains que la petite embarcation allait être submergée d'un moment à l'autre et qu'ils allaient sombrer.

Soudain, au milieu du vent et du rugissement des vagues, ils entendirent quelqu'un rire. Ils regardèrent et découvrirent que c'était Amma. Elle s'amusait énormément. Elle riait et l'expression de son visage était celle d'un enfant ravi. Ils comprirent à cet instant qu'Amma était absolument libre de toute peur et que pour elle, chaque situation faisait partie d'un jeu cosmique merveilleux. En écoutant Amma rire de béatitude, ils se calmèrent et leur peur s'envola. Pourquoi craindre en effet, quand la Mère de l'univers elle-même est à vos côtés, tandis que vous traversez l'océan de la vie ?

OM NAMAH SHIVAYA

Glossaire

Advaita : La philosophie de la non-dualité.

Anugraha : La grâce divine.

Arati : À la fin de la *puja* (adoration) rituel qui consiste à décrire des cercles avec un plateau contenant du camphre enflammé, qui ne laisse aucun résidu et symbolise donc la destruction totale de l'ego. Ce rituel symbolise la montée de la kundalini.

Arjouna : Le troisième des cinq frères Pandavas, un grand archer et l'un des héros de l'épopée du Mahabharata. Il était l'ami et le disciple de Krishna. C'est avec Arjouna que dialogue Krishna dans la Bhagavad Gita.

Ashtaiswaryas : Les huit trésors.

Atma jnana : La connaissance de soi.

Atma (n) : Le Soi.

Avatar : Une incarnation de Dieu.

Bhagavad Gita : L'enseignement de Sri Krishna à Arjouna au début de la guerre du Mahabharata. Il s'agit d'un guide pratique destiné au commun des hommes pour les aider dans la vie quotidienne. Il contient l'essence de la sagesse védique. *Bhagavad* signifie « du Seigneur » et *Gita* « chant » plus spécialement instructions.

Bhajan : Chant dévotionnel ou hymne.

Brahmachari(ni) : Un étudiant célibataire, élève d'un *Guru*, qui suit une discipline spirituelle.

Brahman : L'absolu, le tout.

Brahmashakti : Le pouvoir de la réalité absolue.

Darshan: Entrevue avec un Être Saint ou une divinité ou bien sa vision.

Deva(ta): Un dieu ou un être de lumière.

Devi Bhava: État Divin d'Amma où Elle s'identifie avec la Déesse.

Devi Mahatmyam: Un hymne sacré et très ancien à la louange de la Mère Divine.

Dharma: « Ce qui soutient l'univers ». Le mot *dharma* possède de nombreux sens, entre autres les suivants : la loi divine, la loi de l'existence, en accord avec l'harmonie divine, la droiture, la religion, le devoir, la responsabilité, la vertu, la justice, la bonté et la vérité. *Dharma* désigne aussi les principes qui constituent le cœur de la religion. Le *dharma* de l'être humain est de réaliser sa nature divine innée.

Durga suktam : Une partie des Védas à la louange de la Mère Divine Dourga.

Ganesh : Dieu des obstacles, fils du Seigneur Shiva, dieu à tête d'éléphant.

Grihastashrami : Personne qui mène une vie de famille tout en suivant une *sadhana,* ou discipline spirituelle.

Guru : Enseignant ou maître spirituel.

Gurukula : L'ashram d'un guru, comprenant une école où les élèves, par l'étude et le service, acquièrent les connaissances fondamentales dans les domaines spirituels et profanes.

Japa : La répétition d'une formule mystique (*mantra*).

Jivatman : L'âme individuelle.

Jnana yoga : La voie de la connaissance.

Jnani : Celui qui connaît la Réalité ; un être réalisé.

Karma kanda : Partie des Védas qui décrit les différents rituels à accomplir tout au long de notre vie.

Karma yoga : La voie de l'action.

Katha : Une histoire.

Kauravas : Les cent enfants de Dhritarashtra, les ennemis des Pandavas, qu'ils affrontèrent lors de la guerre du Mahabharata.

Krishna : L'incarnation la plus célèbre du Dieu Vishnou. Né dans une famille royale, il grandit chez des parents nourriciers et vécut comme un jeune pâtre à Vrindavan, où il fut aimé et adoré par les compagnons de Son enfance, les gopis et les gopas. Il était le cousin et le conseiller des Pandavas, spécialement d'Arjouna, auquel Il révéla les enseignements de la Bhagava Gita.

Lila : «Jeu ». Les mouvements et les activités du Divin, qui sont par nature libres, et ne sont soumis à aucune loi.

Mahabharata : Grande épopée de l'Inde ancienne écrite par le sage Vyasa, qui décrit l'affrontement entre les Kauravas et les Pandavas, tous cousins de Sri Krishna. La lutte culmina en une guerre catastrophique.

Mahatma : Littéralement: Grande Âme ; sage.

Mantra : Formule sacrée ou prière que l'on répète sans cesse. Cette répétition éveille l'énergie spirituelle latente en nous, purifie le mental et nous aide à atteindre le but. Le mantra est plus efficace s'il est donné par un Maître au cours d'une initiation.

Mantra shakti : Le pouvoir d'un mantra qui confère un résultat particulier.

Maya : « Illusion». Le «voile» divin sous lequel Dieu, dans le jeu de Sa création, Se cache et donne l'impression de la multiplicité, créant ainsi l'illusion de la séparation. Maya recouvre la réalité et nous trompe, en nous faisant croire que la perfection et la joie se trouvent à l'extérieur de nous.

Moksha : La libération. Le fait d'échapper au cycle de la naissance et de la mort.

Mudra : Une position des mains symbolisant des vérités spirituelles mystiques.

Ojas : Énergie spirituelle obtenue grâce aux pratiques spirituelles et à l'abstinence.

Pada puja : Adoration des pieds de Dieu, du *guru*, ou d'un saint. Le corps entier repose sur les pieds. Le principe du *guru* est de même le support de la vérité suprême. Les pieds du *guru* représentent donc la vérité suprême.

Pandavas : Les cinq enfants du roi Pandou, les héros de l'épopée du Mahabharata. Cousins du Seigneur Krishna qui combattirent dans la guerre du Mahabharata contre les Kauravas.

Paramatman : L'Âme suprême ou Dieu.

Prasad(am) : Offrandes consacrées distribuées après la *puja*.

Purnam : Complet ou parfait.

Rajasuya yagna : Un sacrifice védique accompli par les rois.

Ramayana : L'histoire épique du Seigneur Rama, écrite par le sage Valmiki.

Ravana : Roi démoniaque dans l'histoire du Ramayana, qui enleva Sita, l'Épouse Divine de Rama.

Rishi (de la racine *rsi* = savoir) : Êtres réalisés, voyants. Se réfère d'ordinaire aux sages de l'Inde ancienne, âmes réalisées capables de « voir » la vérité suprême et de l'exprimer. Ils la transmirent à leurs disciples qui la consignèrent par la suite dans les Védas.

Sadhak : Celui qui a voué sa vie à la spiritualité et s'efforce d'atteindre le but par une discipline spirituelle (*sadhana*).

Sadhana : Pratiques spirituelles.

Samadhi (de *sam* = avec ; *adhi* = le Seigneur. Union avec Dieu) : État de concentration profonde sur un seul objet, dans lequel toute pensée s'évanouit ; le mental entre dans un état de tranquillité parfaite, où il ne reste que la pure Conscience, tandis que l'on repose dans le Soi (*atman*).

Samsara : Le monde de la pluralité, le cycle illusoire de la naissance, de la mort et de la renaissance.

Sankalpa : Résolution créatrice qui se manifeste en tant que pensée, sentiment et action. Le *sankalpa* d'une personne ordinaire ne porte pas toujours de fruits, mais l'effet du *sankalpa* d'un sage est infaillible.

Sannyasi(n) : Ascète qui a renoncé à tout lien avec le monde. Un sannyasi porte un vêtement de couleur ocre qui symbolise le fait d'avoir brûlé tout attachement.

Sari : Vêtement que portent habituellement les femmes indiennes.

Satchitananda : La réalité suprême en tant qu'Existence, Conscience, Joie.

Satguru : Maître spirituel ayant réalisé le Soi.

Shraddha : Foi. Amma utilise ce terme en mettant l'accent sur la vigilance, associée au soin plein d'amour apporté au travail en cours.

Siddhi : Pouvoir psychique.

Sita : Épouse du Seigneur Rama. Elle est en Inde considérée comme l'idéal de la femme.

Sloka : Verset en sanscrit.

Sri Rama : Une incarnation du Seigneur Vishnou.

Tantra : École de philosophie qui enseigne que toute chose dans la création est une manifestation de la Réalité Suprême.

Tapas : Littéralement « chaleur ». La pratique d'une ascèse spirituelle. Discipline de soi, pénitence et sacrifice de soi ; pratiques spirituelles qui brûlent les impuretés du mental.

Tattvatile bhakti : Dévotion fondée sur la connaissance et les principes spirituels.

Upanishads : La dernière partie des Vedas, qui expose la philosophie de la non-dualité.

Vasanas (De la racine *vas* = vivant, restant) : Les vasanas sont les tendances latentes ou les désirs subtils du mental qui tendent à se manifester sous la forme d'actions ou d'habitudes. Les vasanas résultent d'expériences passées dont les impressions (*samskaras*) existent dans le subconscient.

Védanta : La « fin des Védas », les Upanishads, qui tracent la voie de la connaissance.

Védas : Littéralement « Connaissance, sagesse ». Les Écritures révérées par les Hindous. Un recueil de textes sacrés divisés en quatre parties : *Rig, yajur, sama* et *atharva*. L'ensemble des Védas comporte 100 000 vers et de la prose. Ils sont considérés comme la révélation directe de la vérité suprême, accordée par Dieu aux *rishis*.

Videhamukti : Libération que l'on atteint après la mort physique.

Vina : Instrument à cordes de l'Inde ancienne.

Yaga ou yagna : Sacrifice védique ou rituel.

Yaksha : Un démon puissant qui existe dans les plans subtils de l'univers.

Yoga danda : Un bâton sur lequel un yogi peut s'appuyer pendant une méditation prolongée.

Yoga sutras : Œuvre philosophique par le sage Patanjali, qui décrit la voie du Raja Yoga ou « voie yogique des huit membres » *(ashtanga)*.

Yogi : Personne qui se consacre à des pratiques spirituelles pour atteindre l'union avec la Source Divine ou Dieu.

Yuga : Un âge, une ère.

www.ingramcontent.com/pod-product-compliance
Lightning Source LLC
LaVergne TN
LVHW051735080426
835511LV00018B/3081